# GmbH-Ratgeber
## Band 24

# Firmenwagen der GmbH

## Parallele und praxisnahe Darstellung des Ertrag-, Lohn- und Umsatzsteuerrechts

### 1. Auflage

von
Steuerberater
Wilhelm Krudewig

D1734574

VSRW-Verlag · Bonn
Verlag für Steuern, Recht und Wirtschaft

In der Reihe GmbH-Ratgeber sind unter anderem folgende Titel erschienen:

- GmbH-Geschäftsführer: ABC der Haftungsrisiken
- Reisekosten und Bewirtungskosten des GmbH-Geschäftsführers
- Der GmbH-Jahresabschluss
- Die Unternehmergesellschaft (haftungsbeschränkt)
- Die GmbH-Gründung
- GmbH-Anteilsverluste
- GmbH-Geschäftsführer: Rechte und Pflichten
- GmbH-Gesellschafter: Rechte und Pflichten
- GmbH-Geschäftsführer-Vergütung
- GmbH: Verdeckte Gewinnausschüttung
- GmbH-Beirat
- Die Unternehmensnachfolge in der GmbH

Nähere Informationen hierzu am Ende des Buches und im Internet unter www.vsrw.de („Bücher")

## Bibliografische Information der Deutschen Bibliothek

Die Deutsche Bibliothek verzeichnet diese Publikation in der Deutschen Nationalbibliografie; detaillierte bibliografische Daten sind im Internet über http://dnb.ddb.de abrufbar.

## Leserservice

Unter www.vsrw.de in der Rubrik „Downloads für Buchkäufer" können Sie die Arbeitshilfen (Berechnungsschemen und Dienstwagenvereinbarungen) direkt downloaden. Benutzen Sie hierfür bitte das folgende Passwort: **dienstwagen2014**

© Copyright Krudewig Steuermedien GmbH, Meckenheim
Lizenzausgabe für den VSRW-Verlag GmbH, Rolandstr. 48, 53179 Bonn

**ISBN 978-3-936623-65-9**

# Vorwort

Die steuerlichen Regelungen zum Firmenwagen (insbesondere hinsichtlich der privaten Nutzung) ändern sich laufend und sind im Laufe der Zeit immer umfangreicher geworden. Das gilt auch für den Firmenwagen der GmbH und die Überlassung des Firmenwagens an den GmbH-Gesellschafter zur privaten Nutzung.

GmbH-Gesellschafter können als Arbeitnehmer ihrer GmbH, wie jeder andere Arbeitnehmer auch, einen Firmen-PKW für private Zwecke nutzen. Die GmbH muss bei ihrem Gesellschafter-Geschäftsführer einen geldwerten Vorteil versteuern, wenn sie ihm im Rahmen des Arbeitsverhältnisses einen Firmenwagen überlässt. Bei der 1%-Regelung zur Ermittlung der privaten Nutzung eines Firmenfahrzeugs handelt es sich, wenn kein Fahrtenbuch geführt wird, um eine zwingende Bewertungsregelung.

Anders ist die Situation, wenn die GmbH ihrem Gesellschafter-Geschäftsführer einen Firmen-PKW außerhalb des Arbeitsverhältnisses für Privatfahrten überlässt und zwischen GmbH und Gesellschafter-Geschäftsführer ein entgeltlicher Überlassungsvertrag (Mietvertrag) abgeschlossen wird. Dieser Vertrag muss dann auch entsprechend den Vereinbarungen tatsächlich durchgeführt werden.

Wenn die Privatnutzung außerhalb eines Arbeitsvertrags und außerhalb eines entgeltlichen Überlassungsvertrags erfolgt, ist diese als verdeckte Gewinnausschüttungen zu qualifizieren. Die Einkünfte aus Kapitalvermögen sind beim Gesellschafter nach dem Teileinkünfteverfahren anzusetzen und unterliegen grundsätzlich der Kapitalertragsteuer in Höhe von 25% (Abgeltungssteuersatz).

Dieses Buch ermöglicht es, sich gezielt mit den Informationen zu befassen, die im Zusammenhang mit der Nutzung eines GmbH-Firmenwagens gerade benötigt werden. Problemlösungen können anhand von Beispielen und Buchungssätzen leicht nachvollzogen werden. Berücksichtigt sind die neuesten BFH-Urteile und die Auswirkungen, die sich durch die Neuregelung der Reisekosten seit dem 1.1.2014 ergeben.

Wilhelm Krudewig
Steuerberater

# Inhaltsverzeichnis

# 1 Einleitung: Nutzung des GmbH-Firmenwagens

Die nachfolgende Darstellung beschränkt sich auf die Situation, dass ein Firmenwagen von einer GmbH angeschafft bzw. geleast wird. Neben Kauf und Leasing wird auch die Finanzierung und Abschreibung eines Fahrzeugs durch eine GmbH behandelt. Die Darstellungen sind auf die GmbH abgestellt, auch wenn Anschaffung, Leasing, Finanzierung und Abschreibung bei anderen Unternehmensformen zumindest teilweise vergleichbar sind.

Firmenwagen der GmbH werden von den GmbH-Gesellschaftern und/oder den Arbeitnehmern der GmbH genutzt. Die nachfolgenden Darstellungen beschränken sich auf die Nutzung durch GmbH-Gesellschafter. GmbH-Gesellschafter können als Arbeitnehmer ihrer GmbH, wie jeder andere Arbeitnehmer auch, einen Firmen-PKW für private Zwecke nutzen, wenn eine entsprechende Vereinbarung getroffen wurde. Die GmbH muss somit bei ihren Gesellschaftern einen geldwerten Vorteil versteuern, wenn der Firmenwagen im Rahmen eines Arbeitsverhältnisses überlassen wird. Bei der 1%-Regelung zur Ermittlung der privaten Nutzung eines Firmenfahrzeugs handelt es sich, wenn kein Fahrtenbuch geführt wird, um eine zwingende Bewertungsregelung. Untersagt die GmbH ihrem Gesellschafter die private Nutzung, dann ist dieses Nutzungsverbot auch für die Finanzverwaltung verbindlich.

Anders ist die Situation, wenn die GmbH ihrem Gesellschafter-Geschäftsführer einen Firmen-PKW außerhalb des Arbeitsverhältnisses für Privatfahrten überlässt und zwischen GmbH und Gesellschafter ein entgeltlicher Überlassungsvertrag (Mietvertrag) abgeschlossen wird. Dieser Vertrag muss dann auch entsprechend den Vereinbarungen tatsächlich durchgeführt und zeitnah gebucht werden.

Wenn die Privatnutzung außerhalb eines Arbeitsvertrags und außerhalb eines entgeltlichen Überlassungsvertrags erfolgt, ist diese als verdeckte Gewinnausschüttung zu qualifizieren. Die Einkünfte aus Kapitalvermögen sind beim Gesellschafter nach dem Teileinkünfteverfahren anzusetzen und unterliegen grundsätzlich der Kapitalertragsteuer in Höhe von 25% (Abgeltungssteuersatz).

Die nachfolgenden Darstellungen befassen sich gezielt mit der Nutzung des Firmenwagens durch den GmbH-Gesellschafter. Problemlösungen können anhand von Beispielen und Buchungssätzen leicht nachvollzogen werden. Berücksichtigt sind die neuesten BFH-Urteile und die Auswirkungen, die sich durch gesetzliche Neuregelung ergeben, z. B. durch die Neuregelung der Reisekosten seit dem 1.1.2014.

## 1.1 Überlegungen vor der Anschaffung eines Firmenwagens

Der GmbH-Gesellschafter, der für seine GmbH tätig wird, ist regelmäßig auf die Nutzung eines Fahrzeugs angewiesen. Vor der Anschaffung eines PKW steht der GmbH-Geschäftsführer vor der Frage, ob

- die GmbH den Firmenwagen erwerben soll, um ihn anschließend dem GmbH-Gesellschafter zur betrieblichen und/oder privaten Nutzung zu überlassen oder ob
- der GmbH-Gesellschafter das Fahrzeug erwirbt, um es anschließend an die GmbH zu vermieten.

Da eine GmbH keine Privatsphäre haben kann, gehört das Fahrzeug der GmbH zu 100% zum **Betriebsvermögen**. Nutzt der GmbH-Gesellschafter den Firmenwagen der GmbH für betriebliche und private Fahrten, ändert dies nichts am 100%igen Betriebsausgabenabzug.

Der Firmenwagen einer GmbH gehört bei der **Umsatzsteuer** zwingend zum umsatzsteuerlichen Unternehmen, weil der Firmenwagen der GmbH ausschließlich betrieblich genutzt wird. Was allerdings schon im Vorfeld geklärt werden sollte, ist die Frage,

- ob und in welchem Umfang der GmbH-Gesellschafter den Firmenwagen für private Fahrten nutzen darf,
- ob die private Nutzung im Rahmen eines Arbeitsverhältnisses oder eines Mietvertrags erfolgt oder
- ob ohne Arbeitsverhältnis/Mietvertrag von einer verdeckten Gewinnausschüttung auszugehen ist.

## 1.2 Die GmbH kauft einen Firmenwagen

Erwirbt die GmbH einen PKW, gehört er automatisch zum Betriebsvermögen, sodass die Anschaffungskosten einschließlich aller Sonderausstattungen auf das Konto **„PKW"** 0320 (SKR 03) bzw. 0520 (SKR 04) zu buchen sind. Die Abschreibungen werden spätestens beim Jahresabschluss auf das Konto **„Abschreibungen auf Kfz"** 4832 (SKR 03) bzw. 6222 (SKR 04) gebucht.

**Praxis-Beispiel (ohne Vorsteuerabzug):**
Eine GmbH vermittelt Versicherungen und Kapitalanlagen und führt somit ausschließlich umsatzsteuerfreie Umsätze aus. Am 24.5.2014 kauft sie sich einen neuen Firmenwagen für 30.000 € + 5.700 € (= 19%) Umsatzsteuer. Den Kaufpreis zahlt die GmbH von ihrem betrieblichen Girokonto. Da die GmbH

ausschließlich steuerfreie Umsätze ausführt, die nicht zum Vorsteuerabzug berechtigen, gehört die Umsatzsteuer zu den Anschaffungskosten des Firmen-PKW.

**SKR 03/SKR 04**

| 0320/<br>0520 | PKW | 35.700 € | an | 1200/<br>1800 | Bank | 35.700 € |
|---|---|---|---|---|---|---|

**Praxis-Beispiel (mit Vorsteuerabzug):**
Die Umsätze einer GmbH unterliegen insgesamt der Umsatzsteuer. Sie ist daher uneingeschränkt zum Vorsteuerabzug berechtigt. Am 24.5.2014 kauft die GmbH einen neuen Firmenwagen für 30.000 € + 5.700 € (= 19%) Umsatzsteuer. Den Kaufpreis zahlt die GmbH von ihrem betrieblichen Konto. Die GmbH macht die Vorsteuer zu 100% geltend.

**SKR 03/SKR 04**

| 0320/<br>0520 | PKW | 30.000 € | | | | |
|---|---|---|---|---|---|---|
| 1576/<br>1406 | Abziehbare<br>Vorsteuer 19% | 5.700 € | an | 1200/<br>1800 | Bank | 35.700 € |

Wenn das Firmenfahrzeug ganz oder teilweise mit einem Kredit finanziert wird, muss auch das Darlehen erfasst werden. Die Darlehenszinsen können als Betriebsausgaben abgezogen werden.

**Praxis-Beispiel:**
Sachverhalt wie im Beispiel zuvor, nur mit dem Unterschied, dass die GmbH für den Kauf des Fahrzeugs einen Bankkredit in Höhe von 20.000 € aufnimmt.

**SKR 03/SKR 04**

| 0320/<br>0520 | PKW | 30.000 € | | | | |
|---|---|---|---|---|---|---|
| 1576/<br>1406 | Abziehbare Vor-<br>steuer 19% | 5.700 € | an | 1200/<br>1800 | Bank | 15.700 € |
| | | | | 0630/<br>3150 | Darlehen | 20.000 € |

Ob die GmbH ein neues oder gebrauchtes Fahrzeug kauft, spielt keine Rolle. Kauft die GmbH ein Gebrauchtfahrzeug, ist ein Vorsteuerabzug ausgeschlossen, wenn der Verkäufer

- die Differenzbesteuerung anwendet,
- ein Kleinunternehmer oder
- eine Privatperson ist.

In diesen Fällen darf der Verkäufer keine Umsatzsteuer ausweisen. Die GmbH darf die Umsatzsteuer nicht als Vorsteuer abziehen, auch wenn der Verkäufer die Umsatzsteuer unzulässigerweise ausweisen sollte.

## 1.3 Der GmbH-Gesellschafter erwirbt den Firmenwagen

Das Firmenfahrzeug muss nicht von der GmbH angeschafft werden. Auch der GmbH-Gesellschafter kann ein Fahrzeug erwerben und entgeltlich an die GmbH vermieten. Hierüber sollte ein schriftlicher Miet- bzw. Überlassungsvertrag abgeschlossen werden. Bei einer umsatzsteuerpflichtigen Vermietung an die GmbH kann der Gesellschafter den **Vorsteuerabzug** aus der Anschaffung des PKW **beanspruchen**.

Die GmbH kann das Fahrzeug, das sie von ihrem Gesellschafter gemietet hat, wiederum ihrem Gesellschafter im Rahmen eines Arbeitsverhältnisses zur Nutzung überlassen. Es treten dann dieselben Konsequenzen ein, die bei der Überlassung eines von der GmbH gekauften oder geleasten Firmenwagens zu ziehen sind. Nutzt der Gesellschafter sein Fahrzeug, das er der GmbH insgesamt vermietet hat, auch für private Fahrten, muss die GmbH den geldwerten Vorteil beim Gesellschafter als Arbeitslohn versteuern.

Es kann zwischen GmbH und GmbH-Gesellschafter eine Vereinbarung getroffen werden, nach der die Vermietung auf die betrieblichen Fahrten beschränkt wird. Diese **Beschränkung** nur auf die betrieblichen Fahrten ist aber **ungünstig**, weil damit auch der Vorsteuerabzug beim GmbH-Gesellschafter eingeschränkt wird. Das heißt, es ist sinnvoll, wenn der Gesellschafter sein Fahrzeug insgesamt an die GmbH vermietet. Die Vermietung sollte also hinsichtlich der gesamten Nutzung des Fahrzeugs erfolgen. Bei einer vollständigen entgeltlichen Vermietung ist der Gesellschafter als Unternehmer im Sinne des § 2 UStG einzustufen.

Der GmbH-Gesellschafter muss die Mieteinnahmen versteuern und kann die Abschreibung als Betriebsausgaben (Werbungskosten) geltend machen, ebenso die Zinsen, wenn der Gesellschafter das Fahrzeug mit einem Kredit finanziert hat.

## 1.4    Anschaffung eines Leasingfahrzeugs

Ein Leasingvertrag ist die Mischung aus Kauf und Miete, wobei die Mietelemente deutlich überwiegen. Ein Leasingfahrzeug darf deshalb nur dann im Betriebsvermögen ausgewiesen werden, wenn ausnahmsweise wirtschaftliches Eigentum vorliegt. Least die GmbH einen Firmenwagen, sind die Leasingraten als Betriebsausgaben abziehbar. Eine Leasingsonderzahlung ist auf die Laufzeit des Leasingvertrags zu verteilen.

# 2    Laufende Kosten des Firmenwagens

Zu den laufenden Kfz-Kosten gehören alle Aufwendungen, die im Laufe eines Jahres für den Firmenwagen entstehen. Hierzu gehören nicht nur die laufenden Betriebskosten, wie z. B. die Aufwendungen für Benzin, sondern auch die Abschreibung und die Zinsen, die für die Finanzierung eines Fahrzeugs zu zahlen sind. Die laufenden Kfz-Kosten werden vollständig und in vollem Umfang als Betriebsausgaben gebucht. Die private Nutzung durch den GmbH-Gesellschafter führt nicht zu einer Korrektur der Betriebsausgaben. Vielmehr werden die Kosten, die auf die private Nutzung entfallen, als Arbeitslohn, Miete oder verdeckte Gewinnausschüttung erfasst.

Die in den **laufenden** Kosten enthaltene **Vorsteuer** zieht die GmbH zu 100% ab, wenn sie zum Vorsteuerabzug berechtigt ist. Die GmbH zahlt dann Umsatzsteuer für die Kosten, die auf die private Nutzung des GmbH-Gesellschafters entfallen.

**Praxis-Beispiel:**
Die private Nutzung des Firmenwagens wird mithilfe der 1%-Methode ermittelt. Die GmbH zieht die Vorsteuer zu 100% ab. Der GmbH-Gesellschafter tankt am 25.10.2014 für 47,60 € (40 € + 7,60 € Umsatzsteuer). Er zahlt den Betrag in bar. Die GmbH erstattet ihm diesen Betrag.

**SKR 03/SKR 04**

| 4530/ 6530 | laufende Kfz-Betriebskosten | 40,00 € | | | | |
|---|---|---|---|---|---|---|
| 1576/ 1406 | Abziehbare Vorsteuer 19% | 7,60 € | an | 1200/ 1800 | Bank | 47,60 € |

Die Kontenrahmen SKR 03 und SKR 04 sehen für unterschiedliche Aufwendungen jeweils eigene Konten vor. Diese Konten sollten auch in der laufenden Buch-

15

führung verwendet werden. Die verschiedenen Konten können der nachfolgenden Übersicht entnommen werden:

| Bezeichnung der laufenden Kfz-Kosten | SKR 03 | SKR 04 |
|---|---|---|
| Fahrzeugkosten | 4500 | 6500 |
| Kfz-Steuer | 4510 | 7685 |
| Kfz-Versicherungen | 4520 | 6520 |
| Laufende Kfz-Betriebskosten | 4530 | 6530 |
| Kfz-Reparaturen | 4540 | 6540 |
| Garagenmiete | 4550 | 6550 |
| Mautgebühren | 4560 | 6580 |
| Leasingfahrzeugkosten (Leasingraten) | 4570 | 6560 |
| Sonstige Kfz-Kosten | 4580 | 6570 |
| Fremdfahrzeugkosten*) | 4595 | 6595 |
| Zinsen zur Finanzierung des Anlagevermögens | 2126 | 7326 |

*)Auf diesem Konto werden zwar auch laufende Kfz-Kosten erfasst, allerdings nicht die Kosten für einen Firmenwagen der GmbH. Bei den Kosten für ein Fremdfahrzeug handelt es sich z. B. um Aufwendungen für einen Leihwagen, der gelegentlich aus betrieblichen Gründen benötigt wird.

# 3 Nutzungsdauer/Abschreibung des Firmen-PKW

## 3.1 Abschreibung eines neuen Fahrzeugs

Zu den laufenden Kosten gehört auch die Abschreibung. Die Nutzungsdauer eines Firmen-PKW beträgt nach der amtlichen Abschreibungstabelle **6 Jahre**. Das entspricht einer linearen Abschreibung von 16,67% pro Jahr. Die amtliche Abschreibungstabelle gilt ausschließlich für **neue Fahrzeuge**.

### Praxis-Beispiel:

Eine GmbH hat für ihren Firmenwagen 27.000 € zuzüglich 5.130 € Umsatzsteuer bezahlt. Da die GmbH zum Vorsteuerabzug berechtigt ist, betragen die Anschaffungskosten des Firmenwagens 27.000 €. Bei einer Nutzungsdauer von

6 Jahren beträgt die Abschreibung (27.000 € : 6 =) 4.500 € pro Jahr. Die Buchung lautet wie folgt:

**SKR 03/SKR 04**

| 4832/ 6222 | Abschreibung auf Kfz | 4.500 € | an | 0320/ 0520 | PKW | 4.500 € |
|---|---|---|---|---|---|---|

**Hinweis:** Bei einem **Taxi- oder Mietwagenunternehmen** richtet sich die Abschreibung nach der jeweils aktuellen **Branchentabelle**. Danach sind nicht 6 Jahre zugrunde zu legen, die nach der allgemeinen Abschreibungstabelle gelten, sondern nur 5 Jahre.

## 3.2 Unterschiedliche Abschreibungszeiten bei der Ermittlung des geldwerten Vorteils und bei der Umsatzsteuer

Die Abschreibung spielt bei der **Umsatzsteuer** nur dann eine Rolle, wenn der GmbH-Gesellschafter ein Fahrtenbuch führt und bei der Lohnabrechnung die **tatsächlichen** Kosten ermittelt, die auf seine private Nutzung entfallen und der Umsatzsteuer unterliegen.

Überlässt die GmbH ihrem Gesellschafter einen Firmenwagen im Rahmen eines Arbeitsverhältnisses, muss die GmbH die private Nutzung als geldwerten Vorteil (Arbeitslohn) versteuern. Die private Nutzung setzt er gemäß § 8 Abs. 2 EStG entweder

- mit dem pauschalen Wert nach der **1%-Methode** an oder
- mit den **tatsächlichen Kosten**, die lt. Fahrtenbuch auf die private Nutzung entfallen. Dazu gehört auch die Abschreibung.

Nach dem BFH-Beschluss vom 29.3.2006 (IX B 174/03) darf der Unternehmer zur Ermittlung des geldwerten Vorteils bei der Überlassung eines Firmenwagens die Abschreibung **mit 12,5%** ansetzen, was einer Nutzungsdauer von 8 Jahren entspricht.

**Praxis-Beispiel:**
Die GmbH hat im Januar 2014 einen Firmenwagen gekauft, den sie ihrem GmbH-Gesellschafter im Rahmen eines Arbeitsverhältnisses überlässt. Die Anschaffungskosten betragen 27.000 €. Die GmbH muss – je nachdem wofür sie die Abschreibung benötigt – unterschiedliche Abschreibungszeiten zugrunde legen:

| Anschaffung 2014 für 27.000 € | Abschreibung für Zwecke der | |
|---|---|---|
| | Umsatzsteuer 5 Jahre | Lohnsteuer 8 Jahre |
| 1. Jahr | 5.400 € | 3.375 € |
| 2. Jahr | 5.400 € | 3.375 € |
| 3. Jahr | 5.400 € | 3.375 € |
| 4. Jahr | 5.400 € | 3.375 € |
| 5. Jahr | 5.400 € | 3.375 € |
| 6. Jahr | | 3.375 € |
| 7. Jahr | | 3.375 € |
| 8. Jahr | | 3.375 € |

**Praxis-Tipp**
Damit bei den unterschiedlichen Abschreibungsbeträgen die Übersicht nicht verloren geht, sollte eine Liste nach dem vorstehenden Muster erstellt werden. Beim Jahresabschluss lässt sich dann leicht feststellen, wofür welcher Betrag wie lange anzusetzen ist.

## 3.3 Abschreibung eines gebrauchten Firmen-PKW

Schafft die GmbH ein gebrauchtes Fahrzeug an, muss die Restnutzungsdauer ermittelt werden. Die Nutzungsdauer eines neuen PKW beträgt nach der amtlichen Abschreibungstabelle 6 Jahre. Das entspricht einer linearen Abschreibung von 16,67% pro Jahr. Die amtliche Abschreibungstabelle gilt jedoch nicht für Gebrauchtfahrzeuge. Für diese sind die Restnutzungsdauer und damit die Abschreibungsdauer im Zeitpunkt des Erwerbs zu schätzen.

In diesem Zusammenhang ist zu beachten, dass der BFH die PKW-Nutzungsdauer, so wie sie in der amtlichen Abschreibungstabelle ausgewiesen ist, nicht als verbindlich ansieht. Der BFH hält bei einer normalen jährlichen Fahrleistung von 15.000 km eine Nutzungsdauer von 8 Jahren für angemessen, was einer jährlichen Abschreibung von 12,5% entspricht. Die 8-jährige Nutzungsdauer entspricht nach den Grundsätzen der BFH-Rechtsprechung somit einer Gesamtfahrleistung von 120.000 km.

**Praxis-Beispiel:**
Eine GmbH kauft einen 6 Jahre alten PKW mit einem Kilometerstand von 60.000 km. Die eigene jährliche Nutzung wird bei rd. 20.000 km pro Jahr liegen.
Nach den Kriterien, die der BFH zugrunde legt, wird die GmbH von einer Restnutzungsdauer von 3 Jahren ausgehen müssen. Nach 3 Jahren beträgt die Gesamtkilometerleistung des PKW 120.000 km. Das ist der Grenzwert, bei dem der Bundesfinanzhof üblicherweise von einem wirtschaftlichen Verbrauch ausgeht.

Für gebrauchte PKW gibt es keine festen Regeln, auf die man sich verbindlich stützen könnte, um die verbleibende Nutzungsdauer zu ermitteln. Der BFH führt in seinem Beschluss vom 17.4.2001 (VI B 306/00) aus, dass die verbleibende **Restnutzungsdauer** beim Erwerb eines gebrauchten PKW **neu zu schätzen** ist. Je nach Alter und Kilometerleistung des gebraucht gekauften PKW kann sich aus der Addition der Nutzungsdauer bis zum Kauf des Fahrzeugs und der sich anschließenden Restnutzungsdauer eine Gesamtnutzungsdauer von mehr als 6 bzw. 8 Jahren ergeben.

## 3.3.1 Anhaltspunkte für eine Schätzung der Restnutzungsdauer

Die Restnutzungsdauer ist nicht ohne Weiteres der Zeitraum, der sich aus der Differenz der Nutzungsdauer bis zum Kauf des Fahrzeugs und der verbleibenden Nutzungsdauer für Neufahrzeuge ergibt.

---

**Praxis-Tipp**
Wenn eine GmbH ihr Fahrzeug schnell abschreiben will, wählt sie eine möglichst kurze Restnutzungsdauer. Zweckmäßig ist es, eine Restnutzungsdauer zu wählen, die das Finanzamt voraussichtlich nicht beanstanden wird. Das erspart eine spätere Korrektur der Bilanz.

---

Wenn keine Besonderheiten vorliegen, wird es, abhängig vom Alter des Fahrzeugs im Zeitpunkt des Kaufs, im Regelfall keine Probleme mit dem Finanzamt geben, wenn man von den folgenden Restnutzungsdauern ausgeht:

| Alter bei Erwerb | Restnutzungsdauer in Jahren | Abschreibung in % |
|---|---|---|
| 1 Jahr | 5 | 20 |
| 2 Jahre | 4 | 25 |
| 3 Jahre | 3 | 33,33 |
| 4 Jahre | 2 | 50 |
| 5 Jahre | 2 | 50 |
| 6 Jahre | 2 | 50 |
| 7 Jahre | 2 | 50 |
| 8 Jahre | 2 | 50 |

Bei Fahrzeugen der unteren Mittelklasse mit einer hohen Gesamtkilometerleistung wird man in der Regel die vorgenannte Restnutzungsdauer problemlos durchsetzen können. Bei **höherwertigen Fahrzeugen** kann auch in allen Fällen, in denen in der Übersicht eine Restnutzungsdauer von 2 Jahren genannt ist, eine dreijährige Restnutzungsdauer in Betracht kommen.

Bei wirtschaftlicher Betrachtung spielt nämlich auch die Höhe des Kaufpreises eine entscheidende Rolle. Die GmbH zahlt nur dann einen hohen Kaufpreis, wenn sie selbst von einer längeren Nutzungsdauer ausgeht. Das bedeutet: Je höher der Kaufpreis, desto länger wird die voraussichtliche Nutzung sein.

**Praxis-Beispiel:**
Eine GmbH hat einen 5 Jahre alten PKW gekauft und möchte den Kaufpreis sofort im Jahr der Anschaffung als Betriebsausgabe abziehen. Das Finanzamt ist damit nicht einverstanden und legt bei dem 5 Jahre alten PKW eine Restnutzungsdauer von 3 Jahren zugrunde.

Die GmbH kann sich dagegen nicht erfolgreich wehren. Bei einer Klage gegen das Finanzamt würden die Finanzgerichte von einer Gesamtnutzungsdauer von mindestens 8 Jahren ausgehen, sodass die vom Finanzamt geschätzte 3-jährige Restnutzungsdauer anerkannt wird. **Zweckmäßig** wäre es, wenn die GmbH von vornherein die **Restnutzungsdauer mit 2 Jahren** ansetzt. Die Wahrscheinlichkeit, dass das Finanzamt die Abschreibung über zwei Jahre akzeptiert, ist wesentlich größer.

## 3.3.2    Buchung der Abschreibung

Nachdem die verbleibende Restnutzungsdauer festgelegt worden ist, können die Anschaffungskosten über diese Nutzungsdauer verteilt werden. Die Abschreibung wird auf das Konto **„Abschreibungen auf Kfz"** 4832 (SKR 03) bzw. 6222 (SKR 04) gebucht.

**Praxis-Beispiel:**
Die GmbH hat am 12.8.2014 von einer Privatperson für 30.000 € einen Jahreswagen gekauft. Privatpersonen dürfen keine Umsatzsteuer ausweisen, sodass die GmbH keinen Vorsteuerabzug beanspruchen darf.

Die betriebsgewöhnliche Nutzungsdauer für Neufahrzeuge nach der amtlichen Abschreibungstabelle beträgt 6 Jahre. Da das Fahrzeug erst ein Jahr alt ist, kann die GmbH die Anschaffungskosten über eine Restnutzungsdauer von (6 Jahren − 1 Jahr =) 5 Jahren abschreiben. Die Abschreibung pro Jahr beträgt dann 30.000 € : 5 = 6.000 €. Wegen der Anschaffung im August kann die GmbH die Abschreibung nur zeitanteilig für 5 Monate geltend machen. Die Abschreibung im Jahr 2014 beträgt somit 6.000 € : 12 x 5 = 2.500 €.

**SKR 03/SKR 04**

| 4832/ 6222 | Abschreibungen auf Kfz | 2.500 € | an | 0320/ 0520 | PKW | 2.500 € |
|------------|------------------------|---------|-----|------------|-----|---------|

## 3.4    Degressive Abschreibung

Die degressive Abschreibung für bewegliche Wirtschaftsgüter des Anlagevermögens war zuletzt **befristet für die Jahre 2009 und 2010** eingeführt worden. Für diese beiden Jahre durften bewegliche Wirtschaftsgüter des Anlagevermögens mit dem

- **2,5-fachen** der linearen Abschreibung (berechnet nach der amtlichen Abschreibungstabelle),
- höchstens jedoch mit **25%**

abgeschrieben werden (§ 7 Abs. 2 EStG). Zu Beginn des Abschreibungszeitraums konnten höhere Beträge abgeschrieben werden. Die Höhe der Abschreibung verringert sich dann im Laufe der Zeit.

Es durften nur bewegliche Wirtschaftsgüter des Anlagevermögens degressiv abgeschrieben werden. Werden Firmenfahrzeuge, die in den Jahren 2009 und 2010 angeschafft wurden, degressiv abgeschrieben, muss spätestens am Ende der Nutzungsdauer ein Wechsel zur linearen Abschreibung erfolgen.

## 3.5 Voraussetzung für eine 20%ige Sonderabschreibung beim Firmen-PKW

Gemäß § 7g Abs. 6 EStG kann die GmbH die 20%ige Sonderabschreibung beanspruchen für

* neue und gebrauchte bewegliche Wirtschaftsgüter des Anlagevermögens,
* die sie im Jahr der Anschaffung oder Herstellung **und** im Folgejahr ausschließlich oder fast ausschließlich für betriebliche Zwecke nutzt.

Überlässt die GmbH ihrem Gesellschafter einen Firmenwagen, den dieser auch für Privatfahrten uneingeschränkt nutzen darf, liegt immer eine 100%ige betriebliche Nutzung vor. Der geldwerte Vorteil des Arbeitnehmers gehört zum Arbeitslohn. Der Arbeitslohn ist aber stets eine Gegenleistung dafür, dass der Arbeitnehmer seine Arbeitskraft dem Unternehmen zur Verfügung stellt. Trotz der Privatfahrten des Arbeitnehmers liegt somit eine 100%ige betriebliche Nutzung vor.

§ 7g Abs. 6 Nr. 2 EStG verlangt, dass das Wirtschaftsgut im Jahr der Anschaffung oder Herstellung und im darauf folgenden Wirtschaftsjahr in einer inländischen Betriebsstätte des Unternehmens (fast) ausschließlich betrieblich genutzt wird. Diese Voraussetzung kann nur dann erfüllt werden, wenn das Wirtschaftsgut (mindestens) über diesen Zeitraum tatsächlich **zum Unternehmen der GmbH gehört** (also im Jahr der Anschaffung oder Herstellung zuzüglich 12 Monate).

Während dieser Zeit muss das Wirtschaftsgut (Firmen-PKW) zum inländischen Betrieb der GmbH gehören. Ist das nicht der Fall, weil die GmbH das Wirtschaftsgut vermietet, verpachtet, veräußert oder in eine ausländische Betriebsstätte überführt, muss die Sonderabschreibung rückgängig gemacht werden.

Eine kurzfristige Nutzungsüberlassung (Vermietung bis zu maximal 3 Monaten) ist unschädlich. Langfristige Überlassungen, wie z. B. beim Leasing, schließen die Sonderabschreibung aus. Unschädlich ist aber, wenn die Fahrzeuge und Transportmittel (PKW, LKW, Anhänger, Container usw.) **vorübergehend** im Ausland eingesetzt werden.

# 4    Leasing-Fahrzeug: Höhe der Leasingrate und Leasing-Sonderzahlung

Die Leasing-Sonderzahlung ist als ein vorausbezahltes Nutzungsentgelt zu beurteilen. Wird ein Firmenfahrzeug geleast, werden die einzelnen Leasingraten im Zeitpunkt der Fälligkeit bzw. Zahlung als Betriebsausgaben abgezogen. Die Leasing-Sonderzahlung muss auf die Laufzeit des Leasingvertrags verteilt werden.

## 4.1    Höhe der Leasing-Sonderzahlung

Vereinbarungen über Leasing-Sonderzahlungen sind in der Regel nicht rechtsmissbräuchlich. Den Leasing-Sonderzahlungen liegen aus der Sicht des Leasing-Gebers und des Leasing-Nehmers sinnvolle wirtschaftliche Erwägungen zugrunde. Denn das Leasing hat

- für den Leasing-Nehmer (GmbH) den Vorteil, dass der Leasing-Geber ihm die Nutzung des Leasingobjekts vorfinanziert, und
- für den Leasing-Geber, dass ihm der Leasing-Nehmer (GmbH) den Finanzierungsaufwand einschließlich eines Gewinns als Mietsonderzahlung, Leasingrate und eines am Restwert ausgerichteten Ausgleichs zurückzahlt.

Die Leasing-Sonderzahlung bei Leasingbeginn mindert erkennbar das Kreditrisiko des Leasing-Gebers und reduziert die weitere Zahlungsverpflichtung des Leasing-Nehmers. Die Leasing-Sonderzahlung wirkt sich damit günstig auf die Höhe des Nutzungsentgelts aus, das insgesamt vom Leasing-Nehmer zu zahlen ist.

Die Möglichkeit, Leasing-Sonderzahlungen als Mittel der Steuergestaltung zu nutzen, ist unproblematisch, solange andere **wirtschaftliche** und sonstige beachtliche **Gründe** für die Vereinbarung von Leasing-Sonderzahlungen vorliegen. Leasingkonditionen, die von Leasinggesellschaften angeboten werden, entsprechen wirtschaftlichen Überlegungen insbesondere dann, wenn sie auch **werblich herausgestellt** werden, wie z. B. „monatliche Leasingrate nur 99 €". Dass diese niedrige monatliche Leasingrate i. d. R. nur mit einer hohen Leasing-Sonderzahlung erkauft werden kann, ist kein Geheimnis. Bei einem derartigen Angebot steht nicht im Vordergrund, dass der Käufer Steuern spart. Vielmehr geht es darum, dass der Käufer eher in der Lage ist, ein Fahrzeug mit Sonderzahlung zu leasen, als ein Auto zu kaufen.

**Praxis-Beispiel:**
Am 14.1.2014 least eine GmbH einen neuen Firmenwagen, dessen Netto-Anschaffungskosten 30.000 € betragen. Die Leasing-Sonderzahlung beträgt

6.000 € zuzüglich 1.140 € (= 19%) Umsatzsteuer. Die GmbH muss die Sonderzahlung auf die Laufzeit verteilen. Wird das Fahrzeug nach Ablauf der Leasingzeit erworben, liegt ein neuer Vorgang vor, nämlich der Kauf eines gebrauchten Fahrzeugs.

## 4.2 Leasing-Sonderzahlung: Verteilung über die Laufzeit

Durch eine Leasing-Sonderzahlung werden die laufenden Leasingraten reduziert. Es handelt sich somit um eine Vorauszahlung, sodass die Sonderzahlung bei Bilanzierenden auf die Laufzeit (Grundmietzeit) zu verteilen ist. Der im jeweiligen Jahr „nicht verbrauchte" Anteil der Leasing-Sonderzahlung ist über einen aktiven Rechnungsabgrenzungsposten abzugrenzen. Allerdings darf die Leasing-Sonderzahlung nicht gleichmäßig über die Laufzeit verteilt werden. Der Betrag ist vielmehr entsprechend der Zinsstaffelmethode aufzuteilen.

**Praxis-Beispiel:**
Eine GmbH hat einen Firmen-PKW geleast und eine Leasing-Sonderzahlung von 8.000 € + 1.520 € USt = 9.520 € vereinbart. Der Vertrag beginnt am 1.7.2014 und die Grundmietzeit beträgt 42 Monate. Aus der Leasing-Sonderzahlung macht die GmbH die Vorsteuer in vollem Umfang geltend und bucht wie folgt:

**SKR 03/04**

| 4570/ 6560 | Leasingfahrzeugkosten | 8.000 € | | | | |
|---|---|---|---|---|---|---|
| 1576/ 1406 | Abziehbare Vorsteuer 19% | 1.520 € | an | 1200/ 1800 | Bank | 9.520 € |

**Die Leasing-Sonderzahlung ist nach der folgenden Formel aufzuteilen:**

| Leasing-Sonderzahlung Summe der Zahlenreihe aller Leasingraten | X | Anzahl der restlichen Raten +1 | = zu berücksichtigender Aufwand |
|---|---|---|---|

**Die Summe der Zahlenreihe ist wie folgt zu ermitteln:**
Die Summe der Zahlenreihe aller Raten beträgt bei 42 Monaten:
(1+2+3+4+5+6+7+8+9+10+ ... usw. =) 903 oder
(1 + 42) x 21 = 43 x 21 = 903

Im Beispielsfall fallen im Jahr 2014 insgesamt 6 Raten an. Der abziehbare Aufwand muss für jeden Monat einzeln berechnet werden. Zunächst ist die „konstante" Größe, entsprechend dem abgeschlossenen Vertrag, wie folgt zu berechnen:

$$\frac{\text{Leasing-Sonderzahlung}}{\text{Summe der Zahlenreihe}} = \frac{8.000\,€}{903} = 8,859 \text{ (gerundet)}$$
aller Leasingraten

**Berechnung für 6 Monate in 2014**

| Jahr 2014 | Konstante siehe oben | | restliche Raten + 1 | | abziehbarer Aufwand in € |
|---|---|---|---|---|---|
| Juli | 8,859 | x | 43 | = | 380,93 |
| August | 8,859 | x | 42 | = | 372,08 |
| September | 8,859 | x | 41 | = | 363,22 |
| Oktober | 8,859 | x | 40 | = | 354,36 |
| November | 8,859 | x | 39 | = | 345,50 |
| Dezember | 8,859 | x | 38 | = | 336,64 |
| | | | | | **2.152,73** |

**Berechnung für 2015**

| Jahr 2015 | Konstante siehe oben | | restliche Raten + 1 | | abziehbarer Aufwand in € |
|---|---|---|---|---|---|
| Januar | 8,859 | x | 37 | = | 327,78 |
| Februar | 8,859 | x | 36 | = | 318,92 |
| März | 8,859 | x | 35 | = | 310,06 |
| April | 8,859 | x | 34 | = | 301,21 |
| Mai | 8,859 | x | 33 | = | 292,35 |
| Juni | 8,859 | x | 32 | = | 283,49 |
| Juli | 8,859 | x | 31 | = | 274,63 |
| August | 8,859 | x | 30 | = | 265,77 |
| September | 8,859 | x | 29 | = | 256,91 |
| Oktober | 8,859 | x | 28 | = | 248,05 |
| November | 8,859 | x | 27 | = | 239,19 |
| Dezember | 8,859 | x | 26 | = | 230,33 |
| | | | | | **3.348,69** |

**Berechnung für 2016**

| Jahr 2016 | Konstante siehe oben | | restliche Raten + 1 | | abziehbarer Aufwand in € |
|---|---|---|---|---|---|
| Januar | 8,859 | x | 25 | = | 221,47 |
| Februar | 8,859 | x | 24 | = | 212,62 |
| März | 8,859 | x | 23 | = | 203,76 |
| April | 8,859 | x | 22 | = | 194,90 |
| Mai | 8,859 | x | 21 | = | 186,04 |
| Juni | 8,859 | x | 20 | = | 177,18 |
| Juli | 8,859 | x | 19 | = | 168,32 |
| August | 8,859 | x | 18 | = | 159,46 |
| September | 8,859 | x | 17 | = | 150,60 |
| Oktober | 8,859 | x | 16 | = | 141,74 |
| November | 8,859 | x | 15 | = | 132,88 |
| Dezember | 8,859 | x | 14 | = | 124,03 |
| | | | | | **2.073,00** |

Aufgrund der vorstehenden Berechnungen ermittelt die GmbH den jeweils aktuellen **Rechnungsabgrenzungsposten** wie folgt:

| | |
|---|---|
| Leasing-Sonderzahlung zum 1.7.2014: | 8.000,00 € |
| abziehbarer Aufwand in 2014 = | 2.152,73 € |
| = Rechnungsabgrenzungsposten zum 31.12.2014 | 5.847,27 € |
| abziehbarer Aufwand in 2015 = | 3.348,69 € |
| = Rechnungsabgrenzungsposten zum 31.12.2015 | 2.498,58 € |
| abziehbarer Aufwand in 2016 = | 2.073,00 € |
| = Rechnungsabgrenzungsposten zum 31.12.2016 | 425,58 € |

Der Leasingvertrag läuft im Dezember 2017 aus, sodass am 31.12.2017 kein aktiver Rechungsabgrenzungsposten mehr auszuweisen ist. Den Restbetrag von 425,58 € bucht die GmbH im Jahr 2017 als Leasingaufwand.

Da die GmbH in 2014 die gesamte Leasing-Sonderzahlung zunächst auf das Konto „**Leasingfahrzeugkosten**" gebucht hat, müssen die in 2014 noch nicht abziehbaren Kosten in einen aktiven Rechnungsabgrenzungsposten eingestellt werden. Diese Buchung ist spätestens beim Jahresabschluss 2014 vorzunehmen.

**SKR 03/SKR 04**

| 0980/ | Aktive Rechnungs- | 5.847,27 € | an | 4570/ | Leasingfahr- | 5.847,27 € |
|-------|-------------------|------------|----|-------|--------------|------------|
| 1900  | abgrenzung        |            |    | 6560  | zeugkosten   |            |

Beim Jahresabschluss für das Jahr 2015 löst die GmbH den aktiven Rechnungsabgrenzungsposten in Höhe von 3.348,69 € auf, sodass der aktive Rechnungsabgrenzungsposten am 31.12.2015 nur noch 2.498,58 € beträgt.

**Buchung für 2015**

**SKR 03/SKR 04**

| 4570/ | Leasingfahr- | 3.348,69 € | an | 0980/ | Aktive Rechnungs- | 3.348,69 € |
|-------|--------------|------------|----|-------|-------------------|------------|
| 6560  | zeugkosten   |            |    | 1900  | abgrenzung        |            |

Dadurch, dass als Gegenkonto für den Leasingaufwand, der in 2015 abziehbar ist, das Konto „Aktive Rechnungsabgrenzung" verwendet wird, mindert sich dieser Posten. In der Bilanz werden dann nur noch 2.498,58 € ausgewiesen.

**Buchung für 2016**

**SKR 03/SKR 04**

| 4570/ | Leasingfahr- | 2.073 € | an | 0980/ | Aktive Rechnungs- | 2.073 € |
|-------|--------------|---------|----|-------|-------------------|---------|
| 6560  | zeugkosten   |         |    | 1900  | abgrenzung        |         |

Es verbleibt am 31.12.2016 nur noch ein Restbetrag von 425,58 €. Dieser wird im Jahr 2017 als Leasingaufwand gebucht, da der Leasingvertrag im Dezember 2017 ausläuft und somit kein aktiver Rechungsabgrenzungsposten mehr auszuweisen ist.

**Buchung 2017**

**SKR 03/SKR 04**

| 4570/ | Leasingfahr- | 425,58 € | an | 0980/ | Aktive Rechnungs- | 425,58 € |
|-------|--------------|----------|----|-------|-------------------|----------|
| 6560  | zeugkosten   |          |    | 1900  | abgrenzung        |          |

Damit ist der aktive Rechnungsabgrenzungsposten vollständig aufgelöst und die Leasing-Sonderzahlung über die Laufzeit von 42 Monaten verteilt.

# 5 Finanzierung eines Firmen-PKW (Fremdfinanzierung)

Viele Autohersteller bieten, um den Verkauf ihrer Fahrzeuge zu fördern, besondere Finanzierungskonditionen an. Die Zinsen liegen in der Regel sehr niedrig. Bei einem Zinssatz von 0%, der gelegentlich angeboten wird, muss der Kunde in der Regel auf die allgemein üblichen Rabatte verzichten. Andere Finanzierungskonditionen sehen so aus, dass die monatliche Rate niedrig angesetzt wird und ein hoher Darlehensrestbetrag am Ende der Laufzeit fällig wird. In diesem Zusammenhang wird oft eine Rücknahmegarantie eingeräumt, sodass der Darlehensrestbetrag mit der Rückgabe des Fahrzeugs getilgt wird.

**Praxis-Beispiel:**

Eine GmbH schafft einen neuen Firmenwagen an. Die Anschaffungskosten betragen 30.000 € zuzüglich 19% = 5.700 € Umsatzsteuer. Die GmbH finanziert das Fahrzeug über die Bank des Autoherstellers, weil sie für das Darlehen dann nur 1,5% Zinsen zahlt. Da die GmbH die Vorsteuer in Höhe von 5.700 € gegenüber dem Finanzamt geltend machen kann, finanziert sie nur den Nettobetrag (Anschaffungskosten) von 30.000 € mit einem Kredit.

Das Fahrzeug wird am 28.6.2014 an die GmbH ausgeliefert (= Zulassungsdatum). Der Darlehensbetrag von 30.000 € wird von der Bank des Autoherstellers zum 1.7.2014 belastet und der Betrag von 5.700 € vom Bankkonto der GmbH überwiesen.

**SKR 03/SKR 04**

| 0320/<br>0520 | PKW | 30.000 € | | | | |
|---|---|---|---|---|---|---|
| 1576/<br>1406 | Abziehbare<br>Vorsteuer 19% | 5.700 € | an | 1200/<br>1800 | Bank | 5.700 € |
| | | | | 0660/<br>3180 | Verbindlichkeiten<br>gegenüber Kreditin-<br>stituten aus Teilzah-<br>lungsverträgen | 30.000 € |

Bei einer Laufzeit des Darlehens von 60 Monaten beträgt die monatliche Rate einschließlich Zinsen 519,30 €. Die Raten sind ab dem 1.8.2014 monatlich zum Beginn eines jeden Monats zu zahlen. Die Zinsen während der Gesamtlaufzeit des Darlehens betragen 1.157,83 €. Im Jahr 2014 zahlt die GmbH (519,30 € x 5 =) 2.596,50 €. Darin sind die Zinsen von 181,47 € enthalten.

Die GmbH bucht die jeweiligen Raten auf das Darlehenskonto. Das Darlehen ist dann am 31.12.2014 um den Betrag der Zinsen zu niedrig ausgewiesen. Es ist daher erforderlich, nach Ablauf des Jahres (spätestens im Rahmen des Jahresabschlusses) die Zinsen auf das entsprechende Aufwandskonto umzubuchen.

**SKR 03/SKR 04 (Zusammenfassung aller in 2014 gezahlten Raten)**

| 0660/ 3180 | Verbindlichkeiten gegenüber Kreditinstituten aus Teilzahlungsverträgen | 2.596,50 € | an | 1200/ 1800 | Bank | 2.596,50 € |
|---|---|---|---|---|---|---|

Die Zinsen betragen 181,47 € bei einem Zinssatz von 1,5%. Nach der vorhergehenden Buchung ist die Verbindlichkeit um diesen Betrag zu niedrig ausgewiesen und der Zinsaufwand noch nicht Gewinn mindernd berücksichtigt. Die GmbH muss deshalb die Zinsen wie folgt umbuchen:

**SKR 03/SKR 04:**

| 2126/ 7326 | Zinsen zur Finanzierung des Anlagevermögens | 181,47 € | an | 0660/ 3180 | Verbindlichkeiten gegenüber Kreditinstituten aus Teilzahlungsverträgen | 181,47 € |
|---|---|---|---|---|---|---|

Die Laufzeit des Darlehens beträgt insgesamt 60 Monate (5 Jahre). Für die Jahre nach 2014 sind die Raten und die Zinsen genauso zu erfassen, wie in den vorhergehenden Buchungsbeispielen.

Die Zinsen können nicht gleichmäßig auf die gesamte Laufzeit verteilt werden. **Zins- und Tilgungsanteil** sind voneinander **getrennt** zu buchen und zwar spätestens beim Jahresabschluss. **Sinnvoll** ist es, sich von der finanzierenden Bank eine Berechnung erstellen zu lassen, aus der sich ergibt, welcher Teil der Raten auf Tilgung und welcher Teil auf Zinsen entfällt. Es brauchen dann nur diese Daten übernommen werden, ohne eigene Berechnungen vornehmen zu müssen.

## 5.1 Ballonfinanzierung: Niedrige laufende Raten mit hoher Schlussrate und mit Rücknahmegarantie

Nimmt die GmbH zur Finanzierung ihres Firmenwagens ein Darlehen auf, hat sie verschiedene Möglichkeiten zur Auswahl. Bei einem normal angelegten Tilgungsdarlehen fallen die monatlichen Raten – auch bei einer längeren Laufzeit – relativ hoch aus.

Um die monatliche Rate niedrig zu halten, wird häufig eine Finanzierung angeboten, die mit dem Leasing vergleichbar ist. Die Finanzierung sieht dann wie folgt aus:

- Die GmbH vereinbart mit dem Autohändler bzw. mit der Bank, dass die Tilgung nicht auf die gesamte Laufzeit gleichmäßig verteilt wird. Stattdessen fällt die monatliche Tilgung gering aus. Dafür muss die GmbH am Ende der Laufzeit eine hohe Schlussrate zahlen und zwar in Höhe des bis dahin nicht getilgten Darlehens.
- Am Ende der Laufzeit zahlt die GmbH eine hohe Schlussrate oder sie macht eine Anschlussfinanzierung.
- Bei dieser Art der Finanzierung ist es regelmäßig so, dass der Händler und die Bank vertraglich zusichern, am Ende der Darlehenslaufzeit das Fahrzeug zum garantierten Preis in Höhe der Schlussrate zurückzunehmen.

Durch eine hohe Schlussrate am Ende der Finanzierung kann die monatliche Belastung deutlich gesenkt werden. Diese Form der Finanzierung, die man auch „Ballonfinanzierung" nennt, ist vergleichbar mit einem Leasingvertrag. Der Unterschied besteht jedoch darin, dass die GmbH Eigentümer des Fahrzeugs wird, das in der Bilanz auszuweisen ist.

## 5.2 Vorteil der Fremdfinanzierung gegenüber dem Leasing

- Die GmbH kann beim Kauf des Fahrzeugs aus dem Kaufpreis den vollen Vorsteuerabzug geltend machen.
- Wenn die GmbH für die Anschaffung eines Fahrzeugs einen Gewinn mindernden Investitionsabzugsbetrag beansprucht hat, handelt es sich bei dem Kauf um eine begünstigte Investition, soweit alle übrigen Voraussetzungen erfüllt sind.
- Das Darlehen kann in der Regel jederzeit zurückgezahlt werden, z. B. um das Fahrzeug selbst zu veräußern. Die vorzeitige Beendigung eines Leasingvertrags ist dagegen mit zusätzlichen Kosten verbunden.

## 5.3 Nachteil der Fremdfinanzierung gegenüber dem Leasing

- Gibt die GmbH am Ende der Finanzierungslaufzeit das Fahrzeug zurück und tilgt sie dadurch das Restdarlehen, handelt es sich um eine Veräußerung des Fahrzeugs, bei der Umsatzsteuer anfällt.

- Bei der Rückgabe des Fahrzeugs entsteht regelmäßig ein Gewinn, der zu versteuern ist.
- Die Übernahme des Fahrzeugs nach der Leasinglaufzeit zum Restwert ist ein Erwerb, der den Vorsteuerabzug ermöglicht. Das ist bei der Tilgung des Restdarlehens nicht der Fall.

**Konsequenz**: Die Rückgabe eines Fahrzeugs am Ende der Finanzierungslaufzeit ist steuerlich anders als das Leasing zu behandeln, selbst wenn sich diese Form der Finanzierung und das Finanzierungsleasing ähnlich sind. Bei einer Fremdfinanzierung wird der PKW gekauft, d. h. die GmbH wird Eigentümer und

- weist den PKW mit den Anschaffungskosten in der Bilanz aus,
- schreibt den PKW über die amtliche Nutzungsdauer von 6 Jahren ab und
- zieht die Zinsaufwendungen als Betriebsausgaben ab.

**Praxis-Beispiel:**
Eine GmbH hat einen Firmenwagen angeschafft. Die Anschaffungskosten des Firmenwagens betragen 30.000 € zuzüglich 19% = 5.700 € Umsatzsteuer. Wenn die GmbH das Fahrzeug über die Bank des Autoherstellers finanziert, zahlt sie nur 1,5% Zinsen.

Dieses Finanzierungsangebot mit einer Laufzeit von 3 Jahren hat die GmbH wahrgenommen. Weil die GmbH die Vorsteuer in Höhe von 5.700 € gegenüber dem Finanzamt geltend machen kann, finanziert sie nur den Nettobetrag (Anschaffungskosten) von 30.000 € mit einem Darlehen. Zusätzlich hat die GmbH vereinbart, dass sie das Darlehen in den 3 Jahren nicht in voller Höhe zurückzahlt, sondern nur in Höhe von 10.000 €.

Die GmbH hat – vertraglich vereinbart – nach 3 Jahren die Wahl. Sie kann

- das Darlehen mit einer Schlussrate von 20.000 € ablösen oder
- das Fahrzeug zum garantierten Betrag von 20.000 € zurückgeben und
- mit diesem Betrag das Restdarlehen tilgen.

Das Fahrzeug wird am 2.7.2014 ausgeliefert (= Zulassungsdatum). Der Darlehensbetrag von 30.000 € wird der GmbH von der Bank des Autoherstellers zum 2.7.2014 belastet. Die GmbH zahlt den Betrag von 5.700 € von ihrem Bankkonto.

Bei der vereinbarten Laufzeit des Darlehens von 36 Monaten beträgt die monatliche Rate 309,20 €. Die Raten sind ab dem 1.8.2014 monatlich zum Beginn eines jeden Monats zu zahlen. Die Zinsen während der Gesamtlaufzeit des Darlehens betragen 1.131,24 €. Im Jahr 2017 zahlt die GmbH noch 2.164,40 €. Darin sind die Zinsen mit 184,72 € enthalten.

Die GmbH hat die jeweiligen Raten auf das Darlehenskonto gebucht. Am Ende der Darlehenslaufzeit im Jahr 2017 sieht das Darlehenskonto wie folgt aus:

| | |
|---|---|
| Stand am 1.1.2017 | 21.979,68 € |
| Zahlungen 2017 | 2.164,40 € |
| Zwischensumme | 19.815,28 € |
| Zinsen 2017 | 184,72 € |
| Darlehensstand am Ende | 20.000,00 € |

Das Darlehen ist dann am 30.6.2017 um den Betrag der Zinsen zu niedrig ausgewiesen. Die GmbH bucht daher nach Ablauf des halben Jahres (spätestens im Rahmen des Jahresabschlusses) die Zinsen auf das entsprechende Aufwandskonto um.

**Buchung (Zusammenfassung aller in 2017 gezahlten Raten):**

**SKR 03/SKR 04**

| 0660/ 3180 | Verbindlichkeiten gegenüber Kreditinstituten aus Teilzahlungsverträgen | 2.164,40 € | an | 1200/ 1800 | Bank | 2.164,40 € |
|---|---|---|---|---|---|---|

| 2126/ 7326 | Zinsen zur Finanzierung des Anlagevermögens | 184,72 € | an | 0660/ 3180 | Verbindlichkeiten gegenüber Kreditinstituten aus Teilzahlungsverträgen | 184,72 € |
|---|---|---|---|---|---|---|

Damit ist jetzt das Darlehnskonto auf dem aktuellen Stand. Nach diesen Buchungen weist das Konto **„Verbindlichkeiten gegenüber Kreditinstituten aus Teilzahlungsverträgen"** einen Stand von 20.000 € aus. Die Rückgabe des PKW ist noch unberücksichtigt. Diese Rückgabe ist jedoch als Veräußerung zu werten.

**Umsatzsteuer:** Da die GmbH den Firmen-PKW mit Vorsteuerabzug erworben hatte, muss sie für den Verkauf Umsatzsteuer zahlen. Mit der Rückgabe des PKW tilgt der Autohändler das Restdarlehen von 20.000 €. Das bedeutet, dass er der GmbH für das Fahrzeug einen Preis von 20.000 € zahlt. In den 20.000 € ist die Umsatzsteuer enthalten. Die Umsatzsteuer beträgt 20.000 € x 19/119 =

3.193,28 €. Die GmbH muss also 3.193,28 € Umsatzsteuer ans Finanzamt zahlen.

**SKR 03/SKR 04**

| 0660/ 3180 | Verbindlichkeiten gegenüber Kreditinstituten aus Teilzahlungsverträgen | 20.000,00 € | an | 8820/ 4845 | Erlöse aus Verkäufen Sachanlagevermögen 19% USt (bei Buchgewinn) | 16.806,72 € |
|---|---|---|---|---|---|---|
| | | | | 1776/ 3806 | Umsatzsteuer 19% | 3.193,28 € |

Auswirkung bei der Gewinnermittlung:

| | |
|---|---|
| Anschaffungskosten in 2014 | 30.000,00 € |
| Abschreibung in 2014 (30.000 € : 6 = 5.000 x 6/12 =) | 2.500,00 € |
| Abschreibung in 2015 | 5.000,00 € |
| Abschreibung in 2016 | 5.000,00 € |
| Abschreibung in 2017 (6/12) | 2.500,00 € |
| Buchwert in 2017 nach Ablauf von 3 Jahren | 15.000,00 € |
| Veräußerungserlös ohne Umsatzsteuer | 16.806,72 € |
| Gewinnerhöhung = | 1.806,72 € |

Der Buchwert muss als Anlagenabgang Gewinn mindernd ausgebucht werden. Die Erlösbuchung ist bereits vollzogen, sodass sich die Gewinnauswirkung automatisch ergibt. Da sich aus dem Gesamtvorgang ein Gewinn ergibt, ist der Vorgang auf das entsprechende Konto zu buchen.

**SKR 03/SKR 04**

| 2315/ 4855 | Anlagenabgänge Sachanlagen (Restbuchwert bei Buchgewinn) | 15.000 € | an | 0320/ 0520 | PKW | 15.000 € |
|---|---|---|---|---|---|---|

Durch die Buchung des Verkaufserlöses als Betriebseinnahme und des Anlagenabgangs als Betriebsausgabe ergibt sich die Gewinnauswirkung automatisch.

# 6 Abgrenzung von PKW-Zubehör, Sonderausstattung und Reparaturaufwand

Die Abgrenzung ist erforderlich, weil Reparaturaufwand, Sonderausstattung und Zubehör steuerlich unterschiedlich behandelt werden.

## 6.1 Sonderausstattung

Zur Sonderausstattung gehören solche Wirtschaftsgüter, die dauerhaft im PKW eingebaut werden und dabei ihre Eigenständigkeit verlieren. Die Verbindung mit dem Fahrzeug darf also nicht problemlos gelöst werden können.

**Praxis-Beispiel:**

Eine GmbH hat im Januar 2014 einen neuen Firmenwagen erworben, der ihr wie folgt in Rechnung gestellt wird:

| | |
|---|---:|
| PKW zum Grundpreis von | 20.000 € |
| Navigationssystem (fest eingebaut) | 1.780 € |
| Ausstattungspaket I (Alu-Felgen, Sonderlackierung, Lichtsystem, Park-Distance-Control usw.) | 2.820 € |
| Autotelefon | 1.100 € |
| Zwischensumme | 25.700 € |
| zuzüglich 19% Umsatzsteuer | 4.883 € |
| Rechnungsbetrag | 30.583 € |

Das **Autotelefon** ist als eigenständiges Wirtschaftsgut zu behandeln, das nicht zusammen mit dem PKW abgeschrieben wird (R 8.1. Abs. 9 Nr. 1 LStR).

**SKR 03/SKR 04**

| 0320/ 0520 | PKW | 24.600 € | | | | |
|---|---|---|---|---|---|---|
| 0490/ 0690 | Sonstige Betriebs- und Geschäftsausstattung | 1.100 € | | | | |
| 1576/ 1406 | Abziehbare Vorsteuer 19% | 4.883 € | an | 1200/ 1800 | Bank | 30.583 € |

Nach der amtlichen Abschreibungstabelle wird das Autotelefon über eine Nutzungsdauer von 5 Jahren abgeschrieben und der PKW über 6 Jahre.

Aufwendungen für **Sonderausstattungen** gehören immer zu den Anschaffungskosten, auch wenn sie erst nachträglich in das Fahrzeug eingebaut werden. Bei einem Einbau im Jahr des Erwerbs wird der Betrag für die Sonderausstattung zusammen mit den ursprünglichen Anschaffungskosten des Fahrzeugs der Abschreibung zugrunde gelegt.

**Praxis-Beispiel:**

Eine GmbH erwirbt im Januar 2014 einen neuen Firmenwagen für 21.000 € zuzüglich 19% = 3.990 € Umsatzsteuer. Im Mai 2014 lässt sie nachträglich ein festes Navigationssystem für 1.500 € zuzüglich 19% = 285 € Umsatzsteuer einbauen. Die GmbH rechnet wie folgt:

| | |
|---|---|
| Anschaffungskosten PKW | 21.000 € |
| nachträgliche Anschaffungskosten | 1.500 € |
| Anschaffungskosten insgesamt in 2014 | 22.500 € |
| Jahresabschreibung: 22.500 € : 6 Jahre = | 3.750 € |

Obwohl das Navigationssystem erst im Mai 2014 eingebaut wurde, wird die Abschreibung insgesamt für 12 Monate nach dem Gesamtbetrag der Anschaffungskosten ermittelt.

Liegt zwischen Fahrzeugkauf und dem nachträglichen Einbau von Sonderausstattungen ein Jahreswechsel, muss die Abschreibung für das Jahr, in dem der nachträgliche Einbau erfolgt, neu ermittelt werden.

**Praxis-Beispiel:**

Eine GmbH hat im August 2013 einen neuen Firmenwagen für 25.000 € zuzüglich 19% = 4.750 € Umsatzsteuer erworben. Im Juli 2014 lässt sie nachträglich ein festes Navigationssystem für 2.000 € zuzüglich 19% = 380 € Umsatzsteuer einbauen. Die GmbH berechnet die Abschreibung für 2014 wie folgt:

| | |
|---|---|
| Anschaffungskosten PKW | 25.000 € |
| Abschreibung 2013: 25.000 € : 6 = | |
| 4.166 € : 12 Monate x 5 Monate = | 1.736 € |
| Buchwert am 31.12.2013 | 23.264 € |
| nachträgliche Anschaffungskosten 2014 | 2.000 € |
| Buchwert = | 25.264 € |

Der Betrag von 25.264 € ist auf die verbleibende Nutzungsdauer von (72 Monaten − 5 Monaten =) 67 Monaten zu verteilen. Die GmbH ermittelt die Abschreibung für 2014 und die Folgejahre wie folgt:

| | |
|---|---|
| 25.264 € : 67 x 12 Monate = | 4.524,90 € |

Für die Ermittlung des pauschalen Nutzungsanteils für Privatfahrten des GmbH-Gesellschafters ist der Bruttolistenpreis einschließlich Sonderausstattungen maßgebend. Die Finanzverwaltung steht auf dem Standpunkt, dass hier auch die nachträglich eingebaute Sonderausstattung einzubeziehen ist (R 8.1. Abs. 9 Nr. 1 LStR).

## 6.2 Zubehör gehört nicht zu den Anschaffungskosten des PKW

Zubehör ist ein Wirtschaftsgut, das zusammen mit dem PKW genutzt wird, ohne dass es mit dem PKW fest verbunden wird, wie z. B. ein mobiles Navigationsgerät. Entscheidend ist, dass die Verbindung des Wirtschaftsguts mit dem Fahrzeug jederzeit problemlos gelöst werden kann.

Aufwendungen für Gegenstände, die nur privat durch den Gesellschafter verwendet werden können, wie z. B. Gürtel, Armbanduhren, Reisetaschen sind kein PKW-Zubehör, auch wenn sie mit den entsprechenden Markenemblemen versehen sind. Wenn die GmbH diese Aufwendungen zahlt, muss sie

*   sich den Betrag vom Gesellschafter erstatten lassen oder
*   den Betrag als geldwerten Vorteil beim Arbeitslohn einbeziehen oder
*   als verdeckte Gewinnausschüttung behandeln.

Die Zuordnung von Zubehör in der Buchführung hängt von der Funktion ab, die unterschiedlich sein kann. Es gibt deshalb auch nicht ein Konto, das für jedes Zubehörteil passt. Aufwendungen für Zubehör, das sich unmittelbar auf das Auto bezieht, können z. B. wie folgt gebucht werden:

| Bezeichnung des Zube-hörs | SKR 03 | SKR 04 | Kontobezeichnung |
| --- | --- | --- | --- |
| Dachgepäckträger | 4985 | 6845 | Werkzeuge und Kleingeräte |
| | 4980 | 6850 | Betriebsbedarf |
| Fußmatten | 4580 | 6570 | Sonstige Kfz-Kosten |
| Gepäckraumeinlage, um Gegenstände sicher im Kofferraum zu lagern | 4980 | 6850 | Betriebsbedarf |
| Transportbox | 4985 | 6845 | Werkzeuge und Kleingeräte |
| Sonnenschutz, wenn nicht fest eingebaut | 4980 | 6850 | Betriebsbedarf |
| Verbandskasten | 4580 | 6570 | Sonstige Kfz-Kosten |
| Warndreieck | 4580 | 6570 | Sonstige Kfz-Kosten |
| Warnwesten | 4580 | 6570 | Sonstige Kfz-Kosten |
| Windshot (Windabweiser) für Cabrios | 4900 | 6300 | Sonstige betriebliche Aufwendungen |

Ein **Autotelefon** gehört nach R 8.1. Abs. 9 Nr. 1 LStR nicht zur Sonderausstattung. Es wird vielmehr als eigenständiges Wirtschaftsgut über 5 Jahre abgeschrieben. Bei Anschaffungskosten von nicht mehr als 150 € bzw. 410 € (netto ohne Umsatzsteuer) kann es im Jahr der Anschaffung zu 100% als geringwertiges Wirtschaftsgut abgeschrieben werden.

Ein **mobiles Navigationsgerät**, ein Handy oder Pocket-PC mit Internetzugang usw. wird nicht in den Firmenwagen eingebaut, sondern allenfalls in eine Halterung gesteckt, die im Fahrzeug angebracht ist. Das mobile Gerät kann also jederzeit entnommen werden. Diese mobilen Geräte können daher nicht als Sonderausstattung den Anschaffungskosten des Fahrzeugs hinzugerechnet werden.

**Praxis-Beispiel:**
Eine GmbH erwirbt 2014 für 178,50 € ein mobiles Navigationsgerät einschließlich 19% = 28,50 € Umsatzsteuer. Das mobile Navigationsgerät ist selbstständig nutzbar, sodass es sich um die Anschaffung eines selbstständigen Wirtschaftsguts handelt. Die Anschaffungskosten (ohne Umsatzsteuer) betragen 150 €, sodass es sich um ein geringwertiges Wirtschaftsgut handelt.

**SKR 03/SKR 04**

| 4855/ 6260 | Sofortabschreibung geringwertiger Wirtschaftsgüter | 150,00 € | | | | |
|---|---|---|---|---|---|---|
| 1576/ 1406 | Abziehbare Vorsteuer 19% | 28,50 € | an | 1200/ 1800 | Bank | 178,50 € |

# 6.3 Aufwendungen, die sofort als Reparaturaufwand abziehbar sind

Aufwendungen für Reparaturen sind in voller Höhe als Betriebsausgaben abziehbar. Reparaturaufwand liegt grundsätzlich immer dann vor, wenn vorhandene Teile ersetzt werden.

**1. Praxis-Beispiel:**
Eine GmbH erwirbt für ein Navigationssystem eine neue CD/DVD, weil die bisherigen Daten überholt sind. Ihre Aufwendungen werden auf das Konto „Sonstige Kfz-Kosten" oder „Kfz-Reparaturen" gebucht.

**2. Praxis-Beispiel:**
Eine GmbH lässt ihren Firmenwagen unmittelbar nach der Anschaffung neu lackieren und mit Werbung beschriften. Diese Aufwendungen für das Neulackie-

ren zu Werbezwecken zieht die GmbH sofort als Betriebsausgaben (Werbekosten) ab (Urteil des FG München vom 10.5.2006, 1 K 5521/04).

### 3. Praxis-Beispiel:

Werden die alten Reifen durch neue ersetzt, handelt es sich um Reparaturkosten, die sofort als Betriebsausgaben abgezogen werden können. Das gilt auch dann, wenn zusätzlich zu den Sommerreifen ein Satz Winterreifen mit Felgen gekauft wird. Zusätzliche Reifen erhöhen nicht den Wert des Fahrzeugs (R 8.1. Abs. 9 Nr. 1 LStR).

## 6.4 Einbau in den Firmenwagen: Bagatellgrenze für die Vorsteuerkorrektur gemäß § 15 a UStG

Gemäß § 15a Abs. 3 UStG kann eine Berichtigung der Vorsteuer auch dann in Betracht kommen, wenn

- ein Wirtschaftsgut in ein anderes Wirtschaftsgut eingeht oder
- an einem Wirtschaftsgut eine sonstige Leistung ausgeführt wird.

Mehrere Einbauten und sonstige Leistungen werden zu einem Berichtigungsobjekt zusammengefasst, wenn sie „im Rahmen einer Maßnahme" (innerhalb von 3 Monaten) ausgeführt wurden.

Nach § 44 Abs. 1 UStDV findet keine Berichtigung des Vorsteuerabzugs statt, wenn die **Vorsteuer**, die auf die Anschaffungskosten des eingebauten Wirtschaftsguts entfällt, **nicht mehr als 1.000 €** beträgt. Der gleichzeitige Einbau mehrerer Bestandteile wird zu einer Maßnahme zusammengefasst, sodass die Bagatellgrenze wesentlich schneller überschritten wird.

### 1. Praxis-Beispiel:

Eine GmbH lässt einen Austauschmotor für 4.500 € zuzüglich 855 € Umsatzsteuer in ihren Firmen-PKW einbauen. Die Vorsteuer auf den eingebauten Austauschmotor beträgt nicht mehr als 1.000 €, sodass bei einer späteren Veränderung der tatsächlichen Verhältnisse keine Berichtigung des Vorsteuerabzugs erfolgt. Es kann also keine Berichtigung (weder zum Vorteil noch zum Nachteil) vorgenommen werden.

### 2. Praxis-Beispiel:

Eine GmbH hat einen Austauschmotor für 4.500 € zuzüglich 855 € Umsatzsteuer in ihren PKW einbauen lassen. Gleichzeitig lässt die GmbH ein Navigationssystem für 1.500 € zuzüglich 285 € Umsatzsteuer fest installierten. Die Vorsteuer aus beiden Vorgängen beträgt 855 € + 285 € = 1.140 €.

Die Bagatellgrenze von 1.000 € wird somit überschritten, weil auf den Gesamtbetrag von 1.140 € abzustellen ist. Bei einer späteren Veränderung der tatsächlichen Verhältnisse ist dann ggf. eine Berichtigung des Vorsteuerabzugs vorzunehmen.

# 7 Kfz-Kosten, die in einem anderen EU-Land entstehen

In einigen EU-Ländern, z. B. in Österreich und Luxemburg, liegen die Benzinpreise deutlich niedriger als in Deutschland. Wer sich in Grenznähe befindet, kann diesen Preisvorteil nutzen. Nachteil ist allerdings, dass es den Vorsteuerabzug nur für die inländische Umsatzsteuer gibt.

Unter bestimmten Voraussetzungen besteht jedoch die Möglichkeit, sich die im Ausland gezahlte ausländische Umsatzsteuer über das Bundeszentralamt für Steuern zurückzuholen. Ob die Vorsteuer vergütet wird, hängt von den Regelungen des jeweiligen Landes ab, in dem die Kosten angefallen sind.

**Praxis-Beispiel:**
Ein GmbH-Geschäftsführer, der in der Nähe der österreichischen Grenze wohnt, nutzt den Vorteil des niedrigeren Benzinpreises und tankt in Österreich. Er hat in Österreich deutlich günstiger für 70 € getankt. In den 70 € ist die 20%ige österreichische Umsatzsteuer mit 11,67 € enthalten. Diese 11,67 € darf die GmbH nicht als Vorsteuer abziehen. Die GmbH bucht daher den Bruttobetrag als betrieblichen Aufwand.

**SKR 03/SKR 04**

| 4530/ | Laufende Kfz- | 70 € | an | 1890/ | Privateinlagen | 70 € |
|-------|---------------|------|----|-------|----------------|------|
| 6530  | Betriebskosten |      |    | 2180  |                |      |

## 7.1 Kein Vorsteuerabzug bei Tankquittung aus anderen EU-Staaten

Es darf nur die deutsche Umsatzsteuer als Vorsteuer abgezogen werden, die Umsatzsteuer aus anderen EU-Staaten jedoch nicht. Der fehlende Vorsteuerabzug ist ein erheblicher Nachteil, wenn die GmbH zum Vorsteuerabzug berechtigt ist. Wenn der GmbH-Gesellschafter in Deutschland für einen Liter Benzin 1,50 € zahlt, kann er einen Vorsteuerabzug von 0,24 € geltend machen. Der Preisvorteil gegenüber dem Ausland muss daher mehr als 0,24 € betragen. Bei einer geringeren Preisdifferenz lohnt sich das Tanken im Ausland nicht.

## 7.2    Antrag auf Vorsteuer-Vergütung

Ausländische Umsatzsteuer, die der GmbH in Rechnung gestellt wurde, kann sie ggf. in einem Vorsteuer-Vergütungsverfahren geltend machen. Das ist bei allen EU-Ländern und bei den Ländern möglich, mit denen entsprechende Gegenseitigkeitsvereinbarungen getroffen worden sind.

Der Antrag auf Erstattung der ausländischen Umsatzsteuer aus EU-Ländern ist beim Bundeszentralamt für Steuern zu beantragen (www.bzst.bund.de). Bevor die GmbH ihren Antrag stellt, sollte sie zunächst prüfen, ob überhaupt eine Vorsteuererstattung möglich ist. Zwar ist das Umsatzsteuerrecht innerhalb der EU weitgehend harmonisiert. Aber die Regelungen zum Vorsteuerabzug stimmen nicht immer überein. Das hat zur Konsequenz, dass nur die Umsatzsteuer erstattet wird, die in dem entsprechenden Land als Vorsteuer abziehbar ist.

**Praxis-Beispiel:**
In Österreich berechtigen die Aufwendungen im Zusammenhang mit der Anschaffung (Herstellung), Miete oder dem Betrieb von PKW, Kombinationskraftwagen oder Krafträdern nicht zum Vorsteuerabzug.

Das bedeutet, dass ein österreichischer Unternehmer die Vorsteuer aus den Benzinkosten in Österreich nicht als Vorsteuer geltend machen kann. Damit entfällt auch für den deutschen Unternehmer, der in Österreich tankt, grundsätzlich die Möglichkeit, sich die Vorsteuer aus den Benzinkosten erstatten zu lassen.

**Ausnahmen**: Fahrschulfahrzeuge, Vorführfahrzeuge und Kraftfahrzeuge, die ausschließlich zur gewerblichen Weiterveräußerung bestimmt sind, sowie Fahrzeuge, die zumindest zu 80% der gewerblichen Personenbeförderung oder der gewerblichen Vermietung dienen. Liegt eine derartige Nutzung vor, kann auch eine Vorsteuer-Vergütung beantragt werden.

Auch die deutsche GmbH muss, wenn sie die österreichische Umsatzsteuer erstattet haben will, nachweisen, dass das Fahrzeug, für das sie die Benzinkosten aufgewendet hat, die Voraussetzungen erfüllt. Dass das Fahrzeug zur berechtigten Fahrzeugkategorie gehört, ist nachzuweisen. Bei bestimmten Fahrzeugkategorien wird unterstellt, dass sie zum Vorsteuerabzug berechtigen. Hierzu gehören z. B. Kleinlastwagen, Kastenwagen, Pritschenwagen oder Klein-Autobusse.

---

**Praxis-Tipp**

Wer den Vorsteuerabzug für Fahrzeuge in Österreich geltend macht, sollte im Interesse einer zügigen Verfahrensabwicklung bereits bei der Antragstellung die erforderlichen Unterlagen einreichen, indem er z. B. die Kopie des Kfz-Briefs einscannt und dem elektronischen Antrag beifügt. Aus der Kopie des Kfz-Briefs muss eindeutig hervorgehen, dass es sich um eines jener Fahrzeuge handelt, für das der Vorsteuerabzug nicht ausgeschlossen ist.

---

# 8 Behandlung des Firmenwagens beim GmbH-Gesellschafter

GmbH-Gesellschafter können als Arbeitnehmer ihrer GmbH, wie jeder andere Arbeitnehmer auch, einen Firmen-PKW für private Zwecke nutzen (BMF-Schreiben vom 3.4.2012, IV C 2 - S 2742/08/10001). Die private Nutzung ist als geldwerter Vorteil beim Arbeitslohn einzubeziehen. Alternativ kann die private Nutzung eines Firmen-PKW im Rahmen eines entgeltlichen Überlassungsvertrags (Mietvertrags) erfolgen, wenn die Vereinbarung tatsächlich durchgeführt wird. Andere Privatnutzungen außerhalb eines Arbeitsvertrags und außerhalb eines entgeltlichen Überlassungsvertrags sind als verdeckte Gewinnausschüttungen zu qualifizieren.

Der BFH hatte in mehreren Urteilen entschieden, wie die private Nutzung eines Firmenwagens durch Gesellschafter-Geschäftsführer zu behandeln ist (BFH-Urteil vom 23.1.2008, I R 8/06, BFH-Urteil vom 23.4.2009, VI R 81/06 und BFH-Urteil vom 11.2.2010, VI R 43/09). Danach ist die Nutzung eines betrieblichen Kfz durch einen Gesellschafter-Geschäftsführer nur dann **betrieblich veranlasst**, wenn eine Überlassungs- oder Nutzungsvereinbarung wie unter Fremden getroffen worden ist.

Liegt keine fremdübliche Überlassungs- oder Nutzungsvereinbarung vor **oder** geht die private Nutzung darüber hinaus **oder** erfolgt die Privatnutzung, obwohl sie vertraglich ausdrücklich ausgeschlossen wurde, dann ist eine Privatnutzung des Firmen-PKW durch das Gesellschaftsverhältnis **zumindest mitveranlasst**. In dieser Situation ist sowohl bei einem beherrschenden als auch bei einem nicht beherrschenden Gesellschafter-Geschäftsführer von einer **verdeckten Gewinnausschüttung** auszugehen.

Kauft die GmbH einen PKW, handelt es sich um einen Firmenwagen, der im Betriebsvermögen der GmbH auszuweisen ist. Zu der Frage, wie die Abgrenzung bei der privaten PKW-Nutzung durch den Gesellschafter-Geschäftsführer einer GmbH vorzunehmen ist, hat das BMF in seinem Schreiben vom 3.4.2012 (IV C 2 - S 2742/08/10001) umfassend Stellung genommen. Bei der privaten Nutzung kommt es auf die **betriebsinterne Vereinbarung** und die **tatsächliche Handhabung** an, wobei es insgesamt die folgenden **drei Varianten** gibt:

**1. Variante (Arbeitsverhältnis)**

Der Gesellschafter-Geschäftsführer nutzt den Firmenwagen **im Rahmen eines Arbeitsverhältnisses,** das die GmbH mit ihm abgeschlossen hat. Die Nutzung muss entweder im Anstellungsvertrag oder durch eine mündliche bzw. konkludente Vereinbarung geregelt sein. Worauf im Einzelnen zu achten ist, wird im **nachfolgenden Gliederungspunkt 9 dargestellt.**

**2. Variante (entgeltlicher Überlassungsvertrag)**

Erfolgt die Überlassung des Fahrzeugs **nicht** im Rahmen des Arbeitsverhältnisses, sondern durch einen **entgeltlichen Überlassungsvertrag** (Mietvertrag), muss die Vereinbarung tatsächlich durchgeführt werden.

**Wichtig**: Falls der Gesellschafter die Miete nicht zahlt, muss das Nutzungsentgelt **zeitnah** dem Verrechnungskonto des Gesellschafter-Geschäftsführers belastet werden. Auf diese Buchung darf nicht verzichtet werden. Unter dem **Gliederungspunkt 10** sind detaillierte Ausführungen hierzu zu finden.

**3. Variante (verdeckte Gewinnausschüttung)**

Nutzt der Gesellschafter-Geschäftsführer den Firmenwagen für private Fahrten und erfolgt die private Nutzung **außerhalb** eines Arbeitsverhältnisses und außerhalb eines entgeltlichen Überlassungsvertrags, dann ist von einer **verdeckten Gewinnausschüttung** auszugehen, die der Gesellschafter als **Einnahmen aus Kapitalvermögen** zu versteuern hat. Unter dem **Gliederungspunkt 11** sind detaillierte Ausführungen hierzu zu finden.

# 9 Der Gesellschafter nutzt den Firmenwagen im Rahmen eines Arbeitsverhältnisses

Die GmbH zieht die Aufwendungen für ein Firmenfahrzeug **insgesamt** als Betriebsausgaben ab. Dabei spielt es keine Rolle, wie der Firmenwagen genutzt wird. Überlässt die GmbH ihrem Gesellschafter einen Firmenwagen **im Rahmen des Arbeitsverhältnisses**, ergeben sich bei einer **privaten Nutzung** folgende Konsequenzen:

- Für den Gesellschafter ist die Möglichkeit, den Firmenwagen privat nutzen zu können, ein **geldwerter Vorteil** (Sachbezug).
- Der Vorteil der privaten PKW-Nutzung ist beim Gesellschafter als **Arbeitslohn** (Sachbezug) zu versteuern. **Grund**: Er erhält diesen Vorteil nur, weil er der GmbH dafür seine **Arbeitskraft** zur Verfügung stellt.
- Die **Höhe des Sachbezugs** richtet sich nach § 8 Abs. 2 EStG.
- Da die private Nutzung durch den Gesellschafter als Arbeitslohn zu erfassen ist, handelt es sich für die GmbH **insgesamt** um einen **betrieblichen** Vorgang.
- Für die GmbH liegt aus diesem Grund immer eine **100%ige betriebliche Nutzung** vor und keine verdeckte Gewinnausschüttung.

Die GmbH erfasst den **geldwerten Vorteil** beim Gesellschafter gemäß § 8 Abs. 2 EStG. Dabei sind die Regelungen anzuwenden, die auch für alle anderen Arbeitnehmer gelten. Konsequenz ist, dass auch R 8.1 Abs. 9 Nr. 1 Satz 8 LStR anzuwenden sind, wonach die Finanzverwaltung darauf verzichtet, für die Fahrten einen geldwerten Vorteil anzusetzen, die der Arbeitnehmer (Gesellschafter) mit dem Firmenwagen zurücklegt, um **andere Einkünfte** zu erzielen. Die GmbH erfasst (über den 1%-Wert hinaus) **keinen zusätzlichen** geldwerten Vorteil als Arbeitslohn.

Nachfolgend wird dargestellt, wie der geldwerte Vorteil ermittelt wird und wie sich die Fahrten zwischen Wohnung und Arbeitsstätte auswirken.

## 9.1 Worauf es ankommt, wenn der GmbH-Gesellschafter einen Firmenwagen auch privat nutzen darf

Überlässt die GmbH ihrem Gesellschafter im Rahmen eines Arbeitsverhältnisses einen Firmenwagen, kommt es darauf an, ob die GmbH ihrem Gesellschafter

- die **Möglichkeit einräumt**, den Firmenwagen privat nutzen zu dürfen, was bei ihm zu einem Sachbezug (geldwerten Vorteil) führt oder
- **untersagt**, den Firmenwagen für private Fahrten zu nutzen.

Wird die Privatnutzung eingeräumt, erhält der GmbH-Gesellschafter diesen Vorteil, weil er der GmbH dafür seine **Arbeitskraft** zur Verfügung stellt. Die GmbH erfasst den **geldwerten Vorteil** beim Gesellschafter gemäß § 8 Abs. 2 EStG. Dabei sind die Fahrten

> **für die allgemeine Privatnutzung**
>   * **pauschal mithilfe der 1%-Methode** (also mit 1% vom Bruttolistenpreis des Firmenwagens zuzüglich Sonderausstattung als monatlicher Arbeitslohn anzusetzen) oder
>   * **mit den tatsächlichen Kosten**, die auf die Privatfahrten entfallen (diese Variante ist nur möglich, wenn der GmbH-Gesellschafter ein ordnungsgemäßes Fahrtenbuch führt, aus dem die Zusammensetzung der Fahrten ersichtlich ist),

> **für die Strecke zwischen Wohnung und erster Tätigkeitsstätte** zusätzlich entweder pauschal oder mit den tatsächlichen Kosten als Arbeitslohn anzusetzen und

> **zum Familienwohnort** im Rahmen einer **doppelten Haushaltsführung nur dann** anzusetzen, wenn der Arbeitnehmer pro Woche **mehr als eine Fahrt** unternimmt (nur darüber hinausgehende Fahrten sind beim Arbeitslohn zu erfassen).

**Übersicht: Geldwerter Vorteil bei Arbeitnehmern**

| Nutzungsart | 1. Variante | 2. Variante |
|---|---|---|
| **Privatnutzung** | **pauschale** Ermittlung mit 1% vom Bruttolistenpreis + Sonderausstattung | anteilige **tatsächliche Kosten**, die auf die privat gefahrenen Kilometer entfallen |
| **Fahrten zwischen Wohnung und erster Tätigkeitsstätte** | pauschal mit **0,03% pro Monat** bzw. **0,002%** vom Bruttolistenpreis **pro Fahrt** | anteilige tatsächliche Kosten, die auf die Fahrten zwischen Wohnung und erster Tätigkeitsstätte entfallen |
| **Familienheimfahrten** | 0,002% pro Fahrt vom Bruttolistenpreis **für mehr als eine** Familienheimfahrt pro Woche | anteilige tatsächliche Kosten, die auf **mehr als eine** Familienheimfahrt pro Woche entfallen. |

## 9.1.1 So ist der geldwerte Vorteil bei der Lohnsteuer zu ermitteln

Für die Überlassung des PKW an den GmbH-Gesellschafter zur privaten Nutzung fallen Lohnsteuer und Umsatzsteuer an. Sozialversicherungsbeiträge fallen nur an, wenn der GmbH-Gesellschafter auch Arbeitnehmer im arbeitsrechtlichen Sinne ist. Haben GmbH-Gesellschafter eine beherrschende Stellung in der GmbH, besteht keine Sozialversicherungspflicht.

Bei der Abrechnung zwischen GmbH und Gesellschafter gibt es **zwei** Möglichkeiten, den geldwerten Vorteil zu ermitteln. Die GmbH kann die private Nutzung mithilfe der **pauschalen 1%-Methode** ermitteln oder mit den **tatsächlichen Kosten**, die auf die Privatfahrten entfallen.

## 9.1.2 Ermittlung mit der pauschalen 1%-Methode

Bei der pauschalen 1%-Methode spielt es keine Rolle, in welchem Umfang der GmbH-Gesellschafter den Firmenwagen für betriebliche und private Fahrten nutzt. Die 1%-Methode kann sogar dann angewendet werden, wenn der GmbH-Gesellschafter den Firmenwagen nahezu ausschließlich für private Fahrten verwendet.

**Praxis-Beispiel (1%-Methode):**
Die GmbH stellt ihrem Gesellschafter im Rahmen eines Arbeitsverhältnisses einen Firmenwagen zur Verfügung, den dieser auch für Privatfahrten und für Fahrten zwischen Wohnung und erster Tätigkeitsstätte nutzen darf. Der Bruttolistenpreis des Firmenwagens im Zeitpunkt der Erstzulassung hat 35.700 € betragen. Die Wohnung des GmbH-Gesellschafters liegt 15 km von der ersten Tätigkeitsstätte entfernt. Der GmbH-Gesellschafter führt kein Fahrtenbuch, sodass die GmbH die pauschale 1%-Methode anwenden und die Fahrten zur ersten Tätigkeitsstätte ebenfalls pauschal ermitteln muss.

| | |
|---|---:|
| Privatnutzung pro Monat 35.700 € x 1% | 357,00 € |
| Fahrten zwischen Wohnung und erster Tätigkeitsstätte pro Monat 35.700 € x 0,03% = 10,71 € x 15 km = | 160,65 € |
| als Sachbezug sind zu erfassen (Bruttowert) | 517,65 € |
| die Umsatzsteuer ist mit 19/119 herauszurechnen | 82,65 € |
| Nettobetrag = Bemessungsgrundlage | 435,00 € |

**SKR 03/SKR 04**

| 4120/ 6020 | Gehälter | 517,65 € | an | 8611/ 4947 | Verrechnete sonstige Sachbezüge 19% USt (z.B. Kfz-Gestellung) | 435,00 € |
|---|---|---|---|---|---|---|
| | | | | 1776/ 3806 | Umsatzsteuer 19% | 82,65 € |

## 9.1.3 Ermittlung der tatsächlichen Kosten mit einem Fahrtenbuch

Es macht nur dann Sinn, die tatsächlichen Kosten anzusetzen, wenn der Umfang der betrieblichen Fahrten hoch ist. Außerdem kann die GmbH die tatsächlichen Kosten nur ansetzen, wenn der Gesellschafter ein **ordnungsgemäßes Fahrtenbuch** führt.

Führt der GmbH-Gesellschafter ein **ordnungsgemäßes Fahrtenbuch,** können bei der Abrechnung auch die tatsächlichen Kosten zugrunde gelegt werden. Gemäß § 8 Abs. 2 Satz 4 EStG **teilt** die GmbH die Fahrzeugkosten nach dem Verhältnis der beruflichen und privaten Fahrten sowie der Fahrten zwischen Wohnung und erster Tätigkeitsstätte **auf.** Die GmbH kann die Kosten des Fahrzeugs, das sie ihrem Gesellschafter überlässt, nur dann aufteilen, wenn sie diese Kosten zuvor getrennt erfasst hat, indem sie z. B. für jedes Fahrzeug eigene Kostenkonten eingerichtet hat. Die Abschreibung kann in der Regel aus dem Anlagenverzeichnis entnommen werden.

**Praxis-Beispiel:**

Die GmbH stellt ihrem Gesellschafter im Rahmen eines Arbeitsverhältnisses einen Firmenwagen zur Verfügung, den der Gesellschafter auch für Privatfahrten und für Fahrten zwischen Wohnung und erster Tätigkeitsstätte nutzen darf. Der Gesellschafter führt ein Fahrtenbuch und fährt danach im Jahr 2014 insgesamt 18.000 km (100%), auf betriebliche Fahrten entfallen 8.600 km (47,78%), auf Privatfahrten 4.200 km (23,33%) und auf die Fahrten zur ersten Tätigkeitsstätte 5.200 km (28,89%).

Der GmbH entstehen im Jahr 2014 für das Fahrzeug des Gesellschafters insgesamt Aufwendungen von 9.818 € (einschließlich Abschreibung). Auf Privatfahrten entfallen somit 2.290 € und auf die Fahrten zur ersten Tätigkeitsstätte 2.836 €. Als Arbeitslohn (Sachbezug) versteuert die GmbH im Jahr 2014 bei ihrem Gesellschafter (2.290 € + 2.836 € =) 5.126 €. Die Umsatzsteuer ist dem Betrag hinzuzurechnen.

---

**Praxis-Tipp**

Vorsicht! Die GmbH als Arbeitgeber trägt das Risiko, wenn dem Gesellschafter beim Führen des Fahrtenbuchs Fehler unterlaufen. Ist das Fahrtenbuch im Ergebnis nicht mehr beweiskräftig, setzt das Finanzamt den höheren Wert nach der 1%-Methode fest. Die GmbH haftet dann für die Lohnsteuer, die auf den höheren Betrag entfällt. Wendet die GmbH von vornherein die **1%-Methode** an, kann es **keine Nachzahlungen** geben.

---

## 9.1.4 Muster einer Lohnabrechnung

Die Anwendung der 1%-Methode ist immer die einfachste Lösung. Vorteil ist, dass der monatliche Wert feststeht, der gleichbleibend bei jeder einzelnen Lohnabrechnung erfasst wird. Im Gegensatz dazu gibt es beim Fahrtenbuch von Monat zu Monat Schwankungen, sodass erst beim letzten Lohnabrechungszeitraum eines Jahres eine korrekte Abrechnung möglich ist. Aus Vereinfachungsgründen ist es auch möglich, zunächst nach der pauschalen 1%-Methode abzurechnen und die **Korrektur** aufgrund des **Fahrtenbuchs** erst **im letzten Lohnabrechnungszeitraum** vorzunehmen.

**Praxis-Beispiel (Monatsabrechnung mit Sozialversicherung in 2014):**

| | |
|---|---:|
| Vereinbarter Arbeitslohn ohne Sachbezüge | 4.200,00 € |
| Sachbezug PKW-Nutzung | 517,65 € |
| Bruttoarbeitslohn | 4.717,65 € |
| Lohnsteuer lt. Steuerklasse III | 630,50 € |
| Solidaritätszuschlag 5,5% | 34,67 € |
| Kirchensteuer (8 %) | 50,44 € |
| Rentenversicherung (Arbeitnehmeranteil 9,45%) | 445,82 € |
| Arbeitslosenversicherung (Arbeitnehmeranteil 1,5%) | 70,76 € |
| Pflegeversicherung (Arbeitnehmeranteil 1,025 %) | 48,36 € |
| Krankenversicherung (Arbeitnehmeranteil 7,3% + 0,9%) | 332,10 € |
| Nettoarbeitslohn | 3.105,00 € |
| abzüglich Sachbezug | 517,65 € |
| Auszahlungsbetrag an den Arbeitnehmer | 2.587,35 € |

**Praxis-Beispiel (Monatsabrechnung ohne Sozialversicherung in 2014):**

| | |
|---|---:|
| Vereinbarter Arbeitslohn ohne Sachbezüge | 4.200,00 € |
| Sachbezug PKW-Nutzung | 517,65 € |
| Bruttoarbeitslohn | 4.717,65 € |
| Lohnsteuer lt. Steuerklasse III | 630,50 € |
| Solidaritätszuschlag 5,5% | 34,67 € |
| Kirchensteuer (8 %) | 50,44 € |
| Nettoarbeitslohn | 4.002,04 € |
| abzüglich Sachbezug | 517,65 € |
| Auszahlungsbetrag an den Arbeitnehmer | 3.484,39 € |

## 9.2 Was bei Fahrten zwischen Wohnung und erster Tätigkeitsstätte zu beachten ist

Die GmbH muss auch die Kosten des Firmenwagens als steuerpflichtigen Arbeitslohn erfassen, die auf die Fahrten ihres Gesellschafters zwischen Wohnung und erster Tätigkeitsstätte entfallen. Die GmbH erfasst den vollen Betrag, weil eine Saldierung mit der Entfernungspauschale nicht zulässig ist. Die GmbH als Arbeitgeber darf die Entfernungspauschale nur erstatten, wenn sie diese mit 15% pauschal versteuert.

### 9.2.1 Erhöhung des Arbeitslohns nur bei einer ersten Tätigkeitsstätte

Die Entfernungspauschale ist bei Arbeitnehmern, zu denen auch GmbH-Gesellschafter gehören können, nur für Fahrten zwischen Wohnung und **erster Tätigkeitsstätte** anzusetzen. Der Begriff **„erste Tätigkeitsstätte"** ist seit dem 1.1.2014 an die Stelle der **regelmäßigen Arbeitsstätte** getreten.

**Wichtig!** Arbeitnehmer/GmbH-Gesellschafter können (bezogen auf das jeweilige Beschäftigungsverhältnis) **nur eine erste Tätigkeitsstätte** haben (§ 9 Abs. 4 EStG). Allein die Tatsache, dass ein Arbeitnehmer regelmäßig den Betrieb seines Arbeitgebers, z. B. den Sitz seiner GmbH aufsucht, sagt noch nichts darüber aus, ob es sich um eine erste Tätigkeitsstätte handelt. Wenn der Gesellschafter z. B. fortdauernd immer wieder **verschiedene Betriebsstätten** seiner GmbH aufsucht, kann maximal nur eine Betriebsstätte **seine erste Tätigkeitsstätte sein**.

Bis zum 31.12.2013 kam es entscheidend darauf an, ob und welche Tätigkeiten der Arbeitnehmer am Betriebssitz ausgeübt hat (BFH-Urteile vom 9.6.2011, VI R 55/10, VI R 36/10, VI R 58/09). Seit dem 1.1.2014 ist die erste Tätigkeitsstätte maßgebend, die in erster Linie auf die Zuordnung des Arbeitnehmers (GmbH-Gesellschafters) zu einer betrieblichen Einrichtung der GmbH abstellt. Worauf im Einzelnen zu achten ist, ist unter dem Gliederungspunkt 12 dargestellt.

### 9.2.2 Pauschale Berechnung mit 0,03% oder mit 0,002%?

Wenn die GmbH ihrem Gesellschafter im Rahmen eines Arbeitsverhältnisses einen Firmenwagen überlässt, versteuert diese den geldwerten Vorteil für Privatfahrten in der Regel nach der 1%-Methode. Als Ausgleich für die nicht abziehbaren Kosten bei Fahrten zwischen Wohnung und Arbeitsstätte erfasst die GmbH bei ihrem Gesellschafter entweder

- pauschal 0,03% vom Bruttolistenpreis des Fahrzeugs je Entfernungskilometer pro Monat (die pauschale 0,03% Reglung geht von 15 Fahrten pro Monat aus) oder
- 0,002% vom Bruttolistenpreis des Fahrzeugs je Entfernungskilometer für jede Fahrt zum Betrieb (maximal einmal pro Tag).

Das heißt, um einen dieser beiden Beträge muss die GmbH den Arbeitslohn erhöhen.

Nach dem BMF-Schreiben vom 1.4.2011 (IV C 5 – S 2334/08/10010; 2011/0250056) besteht ein **Wahlrecht**, das wie folgt ausgeübt werden kann:

- Die GmbH bzw. der Gesellschafter kann das Wahlrecht **für ein Jahr nur einheitlich** ausüben. Das heißt, bei der Lohnabrechnung ist die einmal gewählte Methode (0,03% oder 0,002%) beizubehalten.
- Es ist also nicht möglich, für jeden Monat eine eigene Rechnung aufzumachen. Monate, in denen der Gesellschafter an deutlich weniger Tagen zum Betrieb fährt, können **nicht für sich** betrachtet werden.
- Der Gesellschafter kann seine Wahl nach Ablauf des Jahres in seiner persönlichen Einkommensteuererklärung ändern.
- **Konsequenz** ist, dass nicht von 15 Fahrten pro Monat, sondern von **180 Tagen pro Jahr** auszugehen ist.
- Bei Anwendung der 0,002%-Methode muss der Gesellschafter jeden Monat **schriftlich festhalten**, an welchen Tagen er den Firmenwagen für Fahrten zum Betrieb genutzt hat (mit Datumsangabe). Angaben, wie der Gesellschafter an den anderen Tagen zum Betrieb gefahren ist, sind nicht erforderlich und müssen auch von der GmbH nicht kontrolliert werden.
- Bei mehreren Fahrten zwischen Wohnung und Betrieb an einem Tag wird nur **eine Fahrt** erfasst.
- Entscheidet sich die GmbH in Abstimmung mit ihrem Gesellschafter zu Beginn eines Jahres dafür, die 0,002%-Methode anzuwenden, dann würde sich bei Fahrten zum Betrieb an mehr als 180 Tagen im Jahr ein Nachteil ergeben. Damit kein Nachteil eintritt, darf nach dem o.a. BMF-Schreiben die 0,002%-Methode **auf 180 Tage beschränkt** werden. Das heißt, dass Fahrten, die darüber hinausgehen, unberücksichtigt bleiben.

**Praxis-Beispiel**

Der GmbH-Gesellschafter zeichnet die Daten auf, an denen er mit dem Firmenwagen von seiner Wohnung zum Betrieb gefahren ist. Nach diesen Aufzeichnungen ergibt sich folgende Situation:

- **Januar – Juni:**
  jeweils 14 Fahrten = 14 x 0,002% = 0,028% pro Monat
  (insgesamt 84 Tage)
- **Juli – November:**
  jeweils 19 Fahrten = 19 x 0,002% = 0,038% pro Monat
  (insgesamt 95 Tage)
- **Dezember:**
  4 Fahrten = 4 x 0,002% für Dezember, höchstens aber 1 x 0,002%, weil von
  Januar bis November bereits 179 tatsächliche Fahrten von der Wohnung zum
  Betrieb ausgeführt wurden, bleibt bis zum Erreichen der Höchstgrenze von
  180 Tagen nur noch 1 Tag übrig, der im Dezember zu erfassen ist.

---

**Praxis-Tipp**

Wenn der GmbH-Gesellschafter häufiger nicht zu seiner ersten Tätigkeitsstätte
fährt, ist es besser, 0,002% pro Fahrt anzusetzen. Nach dem o.a. BMF-Schreiben
kann die 0,002%-Methode **auf 180 Tage pro Jahr begrenzt** werden und entspricht dann der 0,03%-Methode. GmbH und Gesellschafter gehen bei der
0,002%-Methode wegen der Begrenzung auf 180 Tage im Jahr kein finanzielles
Risiko ein.

---

## 9.3 Der GmbH-Gesellschafter darf den Firmenwagen auch im Zusammenhang mit anderen Einkünften nutzen

Hat die GmbH dem Gesellschafter im Rahmen des Arbeitsverhältnisses einen Firmenwagen überlassen, den dieser für betriebliche und private Zwecke nutzen
darf, setzt die GmbH als Arbeitgeber regelmäßig 1% vom Bruttolistenpreis pro
Monat als geldwerten Vorteil (Arbeitslohn) an (Bruttolistenpreis im Zeitpunkt der
Erstzulassung zuzüglich Sonderausstattung). Mit der 1%-Regelung sind nicht die
Fahrten mit dem Firmenwagen abgegolten, die zur Erzielung anderer Einkünfte
erforderlich sind. Grundsätzlich gilt, dass die Aufwendungen für diese Fahrten
zusätzlich zum 1%-Wert zu erfassen sind.

**Aber:** Aus R 8.1 Abs. 9 Nr. 1 Satz 8 der LStR ergibt sich, dass die Finanzverwaltung darauf verzichtet, für die Fahrten einen geldwerten Vorteil anzusetzen, die
ein Arbeitnehmer mit seinem Firmenwagen zurücklegt, um **andere Einkünfte** zu
erzielen. Die GmbH braucht deshalb über den 1%-Wert hinaus keinen zusätzlichen geldwerten Vorteil als Arbeitslohn zu erfassen.

**Hinweis**: Der GmbH-Gesellschafter darf in seiner Einkommensteuererklärung zusätzlich sogar die **Entfernungspauschale** geltend machen, wenn er den Firmenwagen für Fahrten zur ersten Tätigkeitsstätte im Rahmen **eines anderen Dienstverhältnisses** zurücklegt (R 9.10. Abs. 2 der LStR).

**Praxis-Beispiel:**
Der GmbH-Gesellschafter hat mit seiner GmbH einen Arbeitsvertrag geschlossen. Im Rahmen des Arbeitsverhältnisses hat die GmbH ihm einen Firmenwagen überlassen (Bruttolistenpreis 30.000 €). Der GmbH-Gesellschafter übt darüber hinaus bei einem anderen Arbeitgeber ein weiteres Beschäftigungsverhältnis aus. Die Entfernung von 14 km zu dieser Tätigkeitsstätte legt der GmbH-Gesellschafter mit dem Firmenwagen zurück.

| | |
|---|---:|
| Die GmbH erfasst für Privatfahrten einen geldwerten Vorteil (Arbeitslohn) von 30.000 € x 1% = | 300 € |
| für Fahrten zur ersten Tätigkeitsstätte im Rahmen des anderen Arbeitsverhältnisses | 0 € |
| als Arbeitslohn sind zu erfassen | 300 € |
| pro Jahr sind zu versteuern 300 € x 12 = | 3.600 € |
| Entfernungspauschale beim 2. Arbeitsverhältnis (kann in der Einkommensteuererklärung geltend gemacht werden): 14 km x 220 Arbeitstage x 0,30 € = | 924 € |
| per Saldo zu versteuern | 2.676 € |

---

**Praxis-Tipp**
Für einen Arbeitnehmer, also auch für einen GmbH-Geschäftsführer, der seinen Firmenwagen auch im Rahmen anderer Einkunftsarten nutzen darf, ist dies ein vorteilhaftes Ergebnis. Personenunternehmen und Freiberufler sind in diesem Punkt benachteiligt, weil sie die Kosten, die auf Fahrten zur Erzielung von Überschusseinkünften entfallen, **zusätzlich Gewinn erhöhend** erfassen müssen (BMF-Schreiben vom 18.11.2009, IV C 6-S 2177/ 07/10004; 2009/0725394). Es kann also sinnvoll sein, Gestaltungsmöglichkeiten durch die Überlassung eines Firmenwagens im Rahmen eines Arbeitsverhältnisses mit der eigenen GmbH zu nutzen.

## 9.4 Familienheimfahrten im Rahmen einer doppelten Haushaltsführung

Bei einer doppelten Haushaltsführung des GmbH-Gesellschafters braucht die GmbH für **eine** Familienheimfahrt pro Woche **keinen geldwerten Vorteil** als Arbeitslohn zu versteuern (§ 8 Abs. 2 Satz 5 EStG). Nur darüber hinausgehende Fahrten (= Fahrten, die nicht als Werbungskosten abgezogen werden können) sind pauschal mit 0,002% vom Bruttolistenpreis zuzüglich Sonderausstattung zu berechnen und als Arbeitslohn zu erfassen. Führt der Arbeitnehmer ein Fahrtenbuch, sind die anteiligen Kosten zu ermitteln, die auf die nicht begünstigten Familienheimfahrten entfallen.

---

**Praxis-Tipp**

Die Privatfahrten eines GmbH-Gesellschafters sind mit der 1%-Methode abgegolten. Aufwendungen für Fahrten zwischen Wohnung und erster Tätigkeitsstätte erfasst die GmbH zusätzlich als Arbeitslohn. Im Gegensatz dazu braucht die GmbH die Aufwendungen für Familienheimfahrten, die als Werbungskosten abziehbar wären, nicht als Arbeitslohn zu erfassen. Weitere Privatfahrten des GmbH-Gesellschafters braucht die GmbH nicht zu berücksichtigen.

---

## 9.5 Wie die Umsatzsteuer zutreffend ermittelt wird

Darf der GmbH-Gesellschafter den Firmenwagen auch für Privatfahrten und Fahrten zur ersten Tätigkeitsstätte verwenden, liegt insoweit ein umsatzsteuerlicher Leistungsaustausch vor. Die Gegenleistung des GmbH-Gesellschafters für die Fahrzeugüberlassung besteht in der anteiligen Arbeitsleistung, die er der GmbH gegenüber erbringt. Wenn die GmbH das Fahrzeug ihrem Gesellschafter also für einen längeren Zeitraum und nicht nur gelegentlich zur Privatnutzung überlässt, liegt ein umsatzsteuerpflichtiger Vorgang vor.

Bei einer entgeltlichen Fahrzeugüberlassung zu Privatzwecken des Personals liegt ein tauschähnlicher Umsatz vor (§ 3 Abs. 12 Satz 2 UStG). Bemessungsgrundlage ist nach § 10 Abs. 2 Satz 2 UStG in Verbindung mit § 10 Abs. 1 Satz 1 UStG der Wert der Arbeitsleistung, der nicht durch den Barlohn abgegolten ist.

Es handelt sich insgesamt um eine entgeltliche sonstige Leistung, bei der die anteiligen Gesamtkosten des Fahrzeugs, das dem GmbH-Gesellschafter überlassen wurde, zugrunde gelegt werden (= Schätzung). Es dürfen **keine** Kosten herausgerechnet werden, bei denen ein Vorsteuerabzug nicht möglich war. Es handelt sich um einen Nettowert, zu dem die Umsatzsteuer mit 19% hinzugerechnet wird. Diese Schätzung ist nur bei der Ermittlung der Umsatzsteuer möglich, nicht jedoch für Zwecke der Lohnsteuer.

## 9.5.1 Besteuerung auf der Grundlage der 1%-Regelung

Aus Vereinfachungsgründen lässt es die Finanzverwaltung zu, dass der Arbeitgeber, z. B. die GmbH, den **pauschalen lohnsteuerlichen Wert** auch bei der Umsatzsteuer zugrunde legt. Diesen Wert behandelt die GmbH dann als **Bruttowert**, aus dem die Umsatzsteuer herausgerechnet wird (Abschn. 1.8. Abs. 8 UStAE). Für die Familienheimfahrten des Arbeitnehmers zahlt die GmbH die Umsatzsteuer, die sie aus Vereinfachungsgründen auch bei der Umsatzsteuer aus 0,002% des Listenpreises je Entfernungskilometer für jede Fahrt herausrechnen kann. **Das gilt selbst dann, wenn kein lohnsteuerlicher Wert nach § 8 Abs. 2 Satz 5 EStG anzusetzen ist.**

**Praxis-Beispiel:**
Eine GmbH hat ihrem Gesellschafter, der einen doppelten Haushalt führt, einen Firmenwagen mit einem Bruttolistenpreis von 30.000 € überlassen. Das Fahrzeug nutzt der GmbH-Gesellschafter im gesamten Jahr 2014 für Privatfahrten, für Fahrten zur 10 km entfernten ersten Tätigkeitsstätte und für 20 Familienheimfahrten zum 150 km entfernten Wohnsitz der Familie. Die **Umsatzsteuer** für die Firmenwagenüberlassung ermittelt die GmbH wie folgt aus den lohnsteuerlichen Werten:

| | |
|---|---|
| Privatnutzung: 30.000 € x 1% x 12 Monate | 3.600,00 € |
| Für Fahrten zwischen Wohnung und erster Tätigkeitsstätte 30.000 € x 0,03% x 10 km x 12 Monate = | 1.080,00 € |
| Familienheimfahrten: 30.000 € x 0,002% x 150 km x 20 Fahrten = | 1.800,00 € |
| Bruttowert der sonstigen Leistung an den Arbeitnehmer = | 6.480,00 € |
| Darin enthaltene Umsatzsteuer (19/119 von 6.480 €) | 1.034,62 € |
| Bemessungsgrundlage (Nettobetrag) = | 5.445,38 € |

**SKR 03/SKR 04**

| 4120/ 6020 | Gehälter | 6.480 € | an | 8611/ 4947 | Verrechnete sonstige Sachbezüge 19% USt (z.B. Kfz-Gestellung) | 5.445,38 € |
|---|---|---|---|---|---|---|
| | | | | 1776/ 3806 | Umsatzsteuer 19% | 1.034,62 € |

## 9.5.2 Besteuerung auf der Grundlage der Fahrtenbuchregelung

Wenn der GmbH-Gesellschafter ein ordnungsgemäßes Fahrtenbuch führt, das die GmbH bei der Lohnabrechnung berücksichtigt, dann müssen die so ermittelten Nutzungsverhältnisse auch bei der Umsatzsteuer zugrunde gelegt werden. Die Fahrten zwischen Wohnung und erster Tätigkeitsstätte sowie die Familienheimfahrten aus Anlass einer doppelten Haushaltsführung rechnet die GmbH umsatzsteuerlich den Privatfahrten des Gesellschafters hinzu. Aus den Gesamtkosten dürfen keine Kosten herausgenommen werden, bei denen ein Vorsteuerabzug nicht möglich ist.

**Praxis-Beispiel:**
Eine GmbH hat ihrem Gesellschafter im Rahmen eines Arbeitsverhältnisses einen Firmenwagen überlassen. Der GmbH-Gesellschafter führt ein ordnungsgemäßes Fahrtenbuch. Danach weist er in 2014 eine Jahresfahrleistung von 20.000 km aus (100%). An 180 Tagen im Jahr 2014 hat er das Fahrzeug für Fahrten zur 10 km entfernten Arbeitsstätte genutzt. Das sind 180 Tage x 20 km = 3.600 km (18%). Die Privatfahrten des GmbH-Gesellschafters belaufen sich auf insgesamt 3.400 km (17%).

Die gesamten Kraftfahrzeugkosten (Nettoaufwendungen einschließlich Abschreibung) betragen 9.000 €. Davon unterliegen (18% + 17% =) 35% der Umsatzsteuer. Für die umsatzsteuerliche Bemessungsgrundlage ist somit von einem Betrag von 9.000 € x 35% = 3.150 € auszugehen. Als entgeltliche Leistung an den GmbH-Gesellschafter sind 3.150 € zu erfassen. Die Umsatzsteuer beträgt 19% von 3.150 € = 598,50 €.

Die GmbH muss als Arbeitslohn (Sachbezug) bei ihrem Gesellschafter den Bruttobetrag von (3.150 € + 598,50 € =) 3.748,50 € erfassen, für den auch Lohnsteuer anfällt.

## 9.5.3 Besonderheiten bei der Ermittlung der Abschreibung

Zur Bemessungsgrundlage gehört, wenn kein pauschaler Wert zugrunde gelegt wird, auch die Abschreibung des Fahrzeugs. Nach dem BMF-Schreiben vom 13.4.2004 (IV B 7 – S 7206 – 3/04) sind die Anschaffungskosten über den Korrekturzeitraum des § 15a UStG zu verteilen (bei einem PKW also über fünf Jahre). Nach Ablauf von fünf Jahren sind die gesamten Anschaffungskosten in die

Bemessungsgrundlage eingeflossen und anschließend bei der Bemessung der Umsatzsteuer nicht mehr zu berücksichtigen.

**Praxis-Beispiel:**
Eine GmbH hat einen Firmenwagen für brutto 21.420 € gekauft, den sie ihrem Gesellschafter im Rahmen eines Arbeitsverhältnisses überlässt. Die Vorsteuer von 3.420 € macht die GmbH in voller Höhe geltend. Die Anschaffungskosten von 18.000 € (Nettobetrag) verteilt die GmbH wie folgt:

- bei der Ermittlung der Lohnsteuer über **8 Jahre** (18.000 € : 8 = 2.250 €) und
- bei der Umsatzsteuer über **5 Jahre** (18.000 € : 5 = 3.600 €).

|  | Lohnsteuer | Umsatzsteuer |
|---|---|---|
| Abschreibung bzw. Verteilung gem. § 15 a UStG | 2.250 € | 3.600 € |
| laufende Kfz-Kosten | 4.200 € | 4.200 € |
| Kfz-Kosten insgesamt | 6.450 € | 7.800 € |
| 35% entfallen auf private Fahrten bzw. Fahrten zur Arbeitsstätte | 2.257,50 € | 2.730 € |

Die Umsatzsteuer beträgt 2.730 € x 19% = 518,70 €. Als Arbeitslohn sind zu erfassen: 2.257,50 € + 518,70 € = 2.776,20 €.

**SKR 03/SKR 04**

| 4120/ 6020 | Gehälter | 2.776,20 € | an | 8610/ 4946 | Verrechnete sonstige Sachbezüge | 2.257,20 € |
|---|---|---|---|---|---|---|
|  |  |  |  | 1776/ 3806 | Umsatzsteuer 19% | 518,70 € |

# 9.6 GmbH untersagt dem Gesellschafter die private Nutzung

Der geldwerte Vorteil für eine private Nutzung ist sogar dann nach der 1%- Regelung zu versteuern, wenn der GmbH-Gesellschafter den Firmen-PKW tatsächlich nicht privat nutzt, aber die **Möglichkeit besteht**, dass er ihn im Rahmen des Arbeitsverhältnisses privat nutzen kann. Darf der Firmenwagen privat genutzt werden, kann das Gegenteil nur mit einem Fahrtenbuch nachgewiesen werden. Die substantiierte Darlegung eines atypischen Sachverhalts, z. B. dass ein gleichwertiges Fahrzeug für Privatfahrten zur Verfügung steht, reicht nach der BFH-Rechtsprechung nicht aus, um die private Nutzung des Firmenwagens zu widerlegen. Der Nutzungsvorteil muss dann gemäß § 8 Abs. 2 EStG versteuert werden (BFH-Urteil vom 21.03.2013, VI R 31/10).

**Aber!** Es sieht anders aus, wenn die GmbH ihrem Arbeitnehmer einen Firmenwagen überlässt und ihm die **private Nutzung untersagt**. In dieser Situation ist **kein geldwerter Vorteil** als Arbeitslohn zu versteuern, weil das Finanzamt nicht unterstellen darf, dass der Arbeitnehmer das Verbot missachtet. Die Nichtbeachtung des Verbots kann für den Arbeitnehmer strafrechtliche Konsequenzen haben und zur Kündigung des Arbeitsverhältnisses führen. Lt. BFH ist nicht davon auszugehen, dass sich der Arbeitnehmer diesem Risiko aussetzt.

**Wichtig!** Zum selben Ergebnis kommt der BFH auch, wenn eine **GmbH** ihrem **Gesellschafter-Geschäftsführer** einen Firmenwagen überlässt und die Privatnutzung untersagt (Urteil vom 21.03.2013, VI R 46/11). Das Finanzamt darf – **auch bei einer Ein-Mann-GmbH** – nicht unterstellen, dass das Privatnutzungsverbot nur zum Schein ausgesprochen wurde. Dabei spielt es keine Rolle, wenn bei einer Zuwiderhandlung mangels Kontrollinstanz keine arbeitsrechtlichen oder gar strafrechtlichen Konsequenzen zu erwarten sind.

---

**Praxis-Tipp**

GmbH und GmbH-Gesellschafter können einen Arbeitsvertrag abschließen, der die Überlassung eines Firmenwagens vorsieht. Wenn – was im Einzelfall durchaus interessant sein kann – die GmbH die Privatnutzung verbietet, ist **kein geldwerter Vorteil** anzusetzen. Sollte der GmbH-Gesellschafter den Firmenwagen dennoch **nachweislich** privat nutzen, dann ist dieser geldwerte Vorteil als **verdeckte Gewinnausschüttung** zu behandeln.

---

**Konsequenz:** Der GmbH-Gesellschafter, der das Verbot der Privatnutzung missachtet, versteuert keine Privatnutzung, ohne dass er ein strafrechtliches Risiko eingeht. Wer sich der Wahrheit verpflichtet fühlt und die Privatnutzung einräumt, muss einen Nutzungsvorteil versteuern. In dieser Situation muss es nach Auffassung des Finanzgerichts hingenommen werden, dass der Ehrliche der Dumme sein kann. **Das heißt:** Ist ein privates Nutzungsverbot vereinbart, darf das Finanzamt keine Privatnutzung unterstellen.

# 10 Der Gesellschafter nutzt den Firmenwagen aufgrund eines entgeltlichen Mietvertrags

Die GmbH muss bei ihrem Gesellschafter-Geschäftsführer einen geldwerten Vorteil versteuern, wenn sie ihm im Rahmen des Arbeitsverhältnisses einen Firmenwagen überlässt. Bei der 1%-Regelung zur Ermittlung der privaten Nutzung eines Firmenfahrzeugs handelt es sich um eine **zwingende Bewertungsregelung,** die nicht durch die Zahlung eines Nutzungsentgelts vermieden werden kann, selbst wenn das Nutzungsentgelt als angemessen anzusehen ist (BFH-Urteil vom 07.11.2006, VI R 95/04).

**Anders ist die Situation,** wenn die GmbH ihrem Gesellschafter-Geschäftsführer einen Firmen-PKW **außerhalb des Arbeitsverhältnisses** für Privatfahrten überlässt **und** zwischen GmbH und Gesellschafter-Geschäftsführer ein **entgeltlicher Überlassungsvertrag** (Mietvertrag) abgeschlossen wird. Um Auseinandersetzungen mit dem Finanzamt zu vermeiden, sollte der entgeltliche Überlassungsvertrag **schriftlich** abgeschlossen werden. Dieser Vertrag muss dann auch entsprechend den Vereinbarungen tatsächlich durchgeführt werden.

## 10.1 Umfang des entgeltlichen Überlassungsvertrags

Nutzt der Gesellschafter-Geschäftsführer das GmbH-Fahrzeug **ausschließlich für betriebliche Fahrten,** ist ein entgeltlicher Überlassungsvertrag nicht erforderlich. Nutzt er allerdings das Fahrzeug auch für private Fahrten, muss sich der entgeltliche Überlassungsvertrag hierauf beziehen. Die Aufwendungen, die auf Fahrten von der Wohnung zur ersten Tätigkeitsstätte entfallen, sind dem GmbH-Gesellschafter zuzurechnen. Das bedeutet, dass über

* die Privatfahrten und
* die Fahrten zwischen Wohnung und erster Tätigkeitsstätte

ein entgeltlicher Überlassungsvertrag abgeschlossen werden muss, in dem auch die Höhe der Vergütung geregelt ist.

## 10.2 Höhe der Kfz-Miete

Im Schreiben vom 3.4.2012 (IV C 2 - S 2742/08/10001) führt das BMF aus, dass als Bemessungsgrundlage für eine verdeckte Gewinnausschüttung das Nutzungsentgelt anzusetzen ist, das bei einer Vermietung üblicherweise erzielbar ist. Aus Vereinfachungsgründen kann (so das BMF) die private Nutzung auch mithilfe der **1%-Methode** ermittelt werden. Wenn dieser Wert für eine verdeckte Gewinnausschüttung maßgebend ist, dann kann er auch im Zusammenhang mit einem entgeltlichen Überlassungsvertrag angesetzt werden. Das Nutzungsentgelt kann also

- entweder mit den **tatsächlichen Kosten** angesetzt werden, die auf Privatfahrten und Fahrten zur ersten Tätigkeitsstätte entfallen; die tatsächlichen Kosten sind um einen **Gewinnzuschlag** zu erhöhen, weil ein fremder Dritter Gewinne erzielen will und somit für die Fahrzeugvermietung regelmäßig eine Miete verlangt, die über den eigenen Kosten liegt (der Umfang der Privatfahrten kann also mithilfe eines Fahrtenbuchs ermittelt werden; einfacher ist es, die Privatfahrten über einen repräsentativen Zeitraum von 3 Monaten zu ermitteln und das Ergebnis dann dauerhaft – als konstante Größe – dem entgeltlichen Überlassungsvertrag zugrunde zu legen) oder

- pauschal mithilfe der **1%-Methode** (= praktikable Lösung).

**Praxis-Beispiel (Berechnung nach den tatsächlichen Kosten):**
Ein GmbH-Gesellschafter nutzt einen Firmenwagen der GmbH für betriebliche und private Fahrten. Die jährliche Kilometerleistung liegt bei 16.040 km. Der GmbH-Gesellschafter führt kein Fahrtenbuch. Die GmbH hat ermittelt, dass die tatsächlichen Kosten pro gefahrenen Kilometer 0,55 € betragen. Den Umfang seiner betrieblichen Fahrten hat der GmbH-Gesellschafter über einen Zeitraum von 3 Monaten wie folgt ermittelt:

| | |
|---|---|
| Kilometerstand am 01.01.2014 | 20 km |
| Kilometerstand am 31.03.2014 | 4.030 km |
| Kilometerleistung für 3 Monate | 4.010 km |
| davon entfallen auf betriebliche Fahrten | 2.406 km (60%) |
| auf Privatfahrten entfallen | 1.604 km (40%) |

| | | |
|---|---|---|
| Privatfahrten pro Monat (gerundet) | 535 km x 0,55 € = | 294,07 € |
| plus Gewinnzuschlag z.b. 10% = | | 29,40 € |
| Miete für Privatfahrten netto | | 323,47 € |
| zuzüglich 19% Umsatzsteuer | | 61,46 € |
| Miete für Privatfahrten brutto | | 384,93 € |

**SKR 03/ SKR 04**

| 1381/ | Forderungen gegen | 384,93 € | an | 8405/ | Erlöse 19% | 323,47 € |
|---|---|---|---|---|---|---|
| 1307 | GmbH-Gesellschafter | | | 4405 | (PKW-Miete) | |
| | | | | 1776/ | Umsatzsteuer | 61,46 € |
| | | | | 3806 | 19% | |

**Hinweis**: Die entgeltliche Überlassung ist bei der GmbH als Erlös zu erfassen. Die Kontenrahmen sehen dafür **kein besonderes** Konto vor. Allein aus Kontrollzwecken, also um sicher zu gehen, dass die Kfz-Miete monatlich gebucht wird, sollte dafür **ein eigenes Konto** eingerichtet werden (im diesem Beispiel 8405 beim SKR 03 bzw. 4405 beim SKR 04).

## 10.3  1%-Methode als Bemessungsgrundlage für das Nutzungsentgelt

**Einfacher** ist es, wenn GmbH und GmbH-Gesellschafter im Rahmen eines **entgeltlichen Überlassungsvertrags** das Nutzungsentgelt nach der 1%-Methode festlegen. Wenn die Finanzverwaltung zulässt, dass bei einer verdeckten Gewinnausschüttung aus Vereinfachungsgründen der Wert nach der 1%-Methode ermittelt wird, dann kann dieser Wert auch als Entgelt für die private Nutzung gewählt werden.

**Praxis-Beispiel (Berechnung nach der 1%-Methode):**
Ein GmbH-Gesellschafter nutzt einen Firmenwagen der GmbH für betriebliche und private Fahrten. Der Bruttolistenpreis dieses Fahrzeugs beträgt 30.000 €. Der GmbH-Gesellschafter führt kein Fahrtenbuch. GmbH und GmbH-Gesellschafter haben vereinbart, das Nutzungsentgelt mit 1% vom Bruttolistenpreis anzusetzen.

| | |
|---|---|
| Nutzungsentgelt: 30.000 € x 1% = | 300,00 € |
| zuzüglich 19% Umsatzsteuer | _57,00 €_ |
| Miete für Privatfahrten brutto | _357,00 €_ |

**SKR 03/SKR 04**

| 1381/ | Forderungen gegen | 357 € | an | 8405/ | Erlöse 19% | 300 € |
|---|---|---|---|---|---|---|
| 1307 | GmbH-Gesellschafter | | | 4405 | (PKW-Miete) | |
| | | | | 1776/ | Umsatzsteuer | 57 € |
| | | | | 3806 | 19% | |

**Praxis-Tipp**
Das Nutzungsentgelt, das GmbH und GmbH-Gesellschafter untereinander vereinbaren, darf nicht zu niedrig sein. Es ist der Betrag anzusetzen, der bei einer Vermietung üblicherweise erzielbar ist. Liegt das Nutzungsentgelt darunter, ist die Differenz als verdeckte Gewinnausschüttung anzusetzen. Die **einfachste und sicherste Lösung** ist es, wenn als Entgelt der Wert **nach der 1%-Methode** zugrunde gelegt wird.

Erfolgt die Privatnutzung des GmbH-Fahrzeugs im Rahmen eines **entgeltlichen Überlassungsvertrags** muss diese Vereinbarung durchgeführt und auch **zeitnah gebucht** werden (siehe vorhergehende Buchungsbeispiele). Das vereinbarte Nutzungsentgelt muss

- der GmbH-Gesellschafter entweder zeitnah an die GmbH zahlen oder
- von der GmbH zeitnah auf ein Forderungs- oder Verrechnungskonto des Gesellschafters gebucht werden.

| Kontenbezeichnung | SKR 03 | SKR 04 |
|---|---|---|
| Forderungen gegen GmbH-Gesellschafter | 1381 | 1307 |
| - Restlaufzeit bis 1 Jahr | 1382 | 1308 |
| - Restlaufzeit größer 1 Jahr | 1383 | 1309 |
| Verrechnungskonto (muss neu eingerichtet und beschriftet werden) | 1389 | 1462 |

# 11 Private Nutzung des Firmenwagens durch den Gesellschafter als verdeckte Gewinnausschüttung

Nutzt der GmbH-Gesellschafter den Firmenwagen seiner GmbH für private Fahrten und erfolgt die private Nutzung

- außerhalb eines Arbeitsverhältnisses und
- außerhalb eines entgeltlichen Überlassungsvertrags,

dann ist von einer **verdeckten Gewinnausschüttung** auszugehen, die der Gesellschafter als **Einnahme aus Kapitalvermögen** zu versteuern hat. Die verdeckte Gewinnausschüttung ist bei der GmbH mit der Vergütung anzusetzen, die bei einer Vermietung üblicherweise erzielbar ist. Aus **Vereinfachungsgründen** kann die private Nutzung (Gewinnkorrektur) mithilfe der **1%-Methode** ermittelt werden.

Auf der Ebene der GmbH gilt, dass Ausschüttungen grundsätzlich als Maßnahmen der Gewinnverwendung einzustufen sind, die den Gewinn der GmbH **nicht verändern**. Wenn aber eine verdeckte Gewinnausschüttung zu einer **Vermögensminderung** oder zu einer **verhinderten Vermögensmehrung** führt, ist das **Einkommen** der GmbH **zu erhöhen**. Das heißt, das Einkommen ist zu erhöhen, wenn eine Minderung des steuerlichen Gewinns eingetreten ist (§ 8 Abs. 3 KStG).

Gemäß § 8 Abs. 3 Satz 2 KStG dürfen verdeckte Gewinnausschüttungen nicht das Einkommen der GmbH mindern. Die **Hinzurechnung erfolgt außerhalb der Steuerbilanz**, weil § 8 Abs. 3 Satz 2 KStG keine Bilanzierungsvorschrift ist, sondern allein der steuerlichen Einkommensermittlung dient. Die Umsatzsteuer ist eine betriebliche Steuer. Steuerschuldner ist die GmbH. Konsequenz ist, dass die **Umsatzsteuer in der Steuerbilanz** auszuweisen ist (d. h., die Umsatzsteuer muss innerhalb der Buchführung ausgewiesen werden).

**Praxis-Beispiel (Berechnung nach der 1%-Methode):**
Ein Gesellschafter ist für seine GmbH tätig, ohne dass ein Arbeitsverhältnis zwischen ihm und der GmbH vereinbart worden ist. Die GmbH stellt ihm einen Firmenwagen zur Verfügung, den er für betriebliche und private Fahrten nutzt. Ein entgeltlicher Überlassungsvertrag ist nicht abgeschlossen worden. Die GmbH gestattet die Nutzung des Fahrzeugs für private Zwecke nur wegen der Gesellschafterstellung. Bei der privaten Nutzung handelt es sich um eine verdeckte Gewinnausschüttung.

Die verdeckte Gewinnausschüttung ist der Betrag, den die GmbH bei einer Fremdvermietung erzielen könnte. Führt der GmbH-Gesellschafter kein Fahrtenbuch und macht er auch ansonsten keine Aufzeichnungen, ist es schwierig, die Vergütung zu ermitteln, die bei einer Vermietung üblicherweise erzielbar ist. Es ist dann sinnvoll und zweckmäßig, das Nutzungsentgelt aus Vereinfachungsgründen mit 1% vom Bruttolistenpreis anzusetzen. Bei einem Bruttolistenpreis des Fahrzeugs von 32.000 € ist von folgenden Werten auszugehen:

| | Monatsbetrag | Jahresbetrag |
|---|---|---|
| Gewinnerhöhung: 32.000 € x 1% | 320,00 € | 3.840,00 € |
| Umsatzsteuer | 60,80 € | 729,60 € |
| Gesamtbetrag | 380,80 € | 4.569,60 € |

**SKR 03/SKR 04**

| 1381/ 1307 | Forderungen gegen GmbH-Gesellschafter | 729,60 € | an | 1776/ 3806 | Umsatz- steuer 19% | 729,60 € |
|---|---|---|---|---|---|---|

Bei der Umsatzsteuer bestehen dann zwei Möglichkeiten. Der GmbH-Gesellschafter zahlt die Umsatzsteuer an die GmbH, sodass dadurch die Forderung der GmbH ausgeglichen ist. Zahlt der GmbH-Gesellschafter die Umsatzsteuer nicht, verzichtet die GmbH auf eine Forderung gegenüber dem Gesellschafter, was insoweit zu einer weiteren Gewinnausschüttung führt.

Die Erhöhung des GmbH-Einkommens beträgt dann 3.840,00 €. Das heißt, dass Einkommen der GmbH muss in der Körperschaftsteuererklärung um 3.840,00 € höher ausgewiesen werden.

## Einkünfte aus Kapitalvermögen

Die Einkünfte aus Kapitalvermögen sind beim Gesellschafter nach dem Teileinkünfteverfahren anzusetzen und unterliegen grundsätzlich der Kapitalertragsteuer in Höhe von 25% (Abgeltungssteuersatz).

**Praxis-Tipp**

Die private Nutzung des GmbH-Fahrzeugs kann so gestaltet werden, dass der **Gesellschafter keine Zahlungen** leisten muss. So kann z. B. bei einem entgeltlichen Überlassungsvertrag der Betrag auf ein Forderungs- bzw. Verrechnungskonto des Gesellschafters gebucht werden. Verzichtet die GmbH später darauf, dass der Gesellschafter seine Verbindlichkeit begleicht, handelt es sich im Zeitpunkt des Forderungsverzichts um eine verdeckte Gewinnausschüttung.

**Konsequenz**: Der Zeitpunkt des Forderungsverzichts ist beeinflussbar, sodass auch die Möglichkeit besteht, den **Zeitpunkt bzw. das Jahr der Gewinnausschüttung** zu beeinflussen. Es kann also der Zufluss der Kapitaleinkünfte und damit der Zeitpunkt der Besteuerung gestaltet werden.

# 12   Entfernungspauschale ab 2014

Das **Bundesfinanzministerium** hat im Schreiben vom 31.10.2013 (IV C 5 – S 2351/09/10002:002; 2013/0981373) dazu Stellung genommen, was bei der Ermittlung der Entfernungspauschale zu beachten ist. Die Entfernungspauschale ist bei Arbeitnehmern, zu denen auch GmbH-Gesellschafter/Geschäftsführer gehören, nur für Fahrten zwischen Wohnung und **erster Tätigkeitsstätte** anzusetzen. Dieser Begriff ist seit dem 01.01.2014 an die Stelle der **regelmäßigen Arbeitsstätte** getreten.

**Wichtig!** Arbeitnehmer können (bezogen auf das jeweilige Beschäftigungsverhältnis) **nur eine erste Tätigkeitsstätte** haben (§ 9 Abs. 4 EStG). Bis zum 31.12.2013 kam es entscheidend darauf an, ob und welche Tätigkeiten der Arbeitnehmer (GmbH-Gesellschafter/Geschäftsführer) am Betriebssitz ausgeübt hat (BFH-Urteile vom 09.06.2011, VI R 55/10, VI R 36/10, VI R 58/09). Seit dem 01.01.2014 ist die erste Tätigkeitsstätte maßgebend, die in erster Linie auf die

Zuordnung des Arbeitnehmers (GmbH-Gesellschafters/Geschäftsführers) zu einer betrieblichen Einrichtung des Arbeitgebers (GmbH) abstellt. Die nachfolgende Übersicht zeigt die Rechtslage vor und nach dem 1.1.2014:

**Übersicht: Regelmäßige Arbeitsstätte bzw. erste Tätigkeitsstätte**

| Neuregelung seit 1.1.2014 | Regelung bis 31.12.2013 |
|---|---|
| **Grundlage**: § 9 Abs. 4 EStG (n.F.) (Begriff der ersten Tätigkeitsstätte) | **Grundlage**: BFH (s.o.) und BMF-Schreiben vom 15.12.2011 |
| Erste Tätigkeitsstätte ist eine ortsfeste betriebliche Einrichtung <br>• des Arbeitgebers, <br>• eines verbundenen Unternehmens, <br>• eines vom Arbeitgeber bestimmten Dritten, dem der Arbeitnehmer dauerhaft zugeordnet ist (Leiharbeit) | Regelmäßige Arbeitsstätte ist eine ortsfeste betriebliche Einrichtung <br>• des Arbeitgebers oder <br>• eines ausgegliederten Unternehmens, dem der Arbeitnehmer zugeordnet wurde (Outsourcing) |
| **Weitere Voraussetzung**: Der Arbeitnehmer soll unbefristet für die Dauer des Dienstverhältnisses oder über einen Zeitraum von 48 Monaten hinaus an einer solchen Tätigkeitsstätte tätig werden | |
| Die Zuordnung richtet sich nach der dienst- und arbeitsrechtlichen Festlegung bzw. nach Absprachen und Weisungen (ist dann auch verbindlich für das Finanzamt) | Die dauerhafte Zuordnung des Arbeitnehmers erfolgt aufgrund von dienstrechtlichen/arbeitsvertraglichen Festlegungen |
| **Fehlt eine dienst- und arbeitsrechtliche Festlegung** oder ist sie nicht eindeutig, ist die betriebliche Einrichtung als erste Tätigkeitsstätte anzusehen, an der der Arbeitnehmer <br>• typischerweise arbeitstäglich tätig werden soll oder <br>• je Arbeitswoche zwei volle Arbeitstage oder <br>• mindestens ein Drittel seiner vereinbarten regelmäßigen Arbeitszeit tätig werden soll <br>(Prognose) | **Fehlt eine derartige Festlegung**, dann befindet sich die regelmäßige Arbeitsstätte in einer betrieblichen Einrichtung des Arbeitgebers, in der der Arbeitnehmer <br>• arbeitstäglich oder <br>• je Arbeitswoche einen vollen Arbeitstag oder <br>• mindestens 20% seiner vereinbarten regelmäßigen Arbeitszeit tätig werden soll <br>(Prognose) |

| Neuregelung seit 1.1.2014 | Regelung bis 31.12.2013 |
|---|---|
| Liegen die Voraussetzungen für **mehrere** Tätigkeitsstätten vor, ist diejenige Tätigkeitsstätte die erste Tätigkeitstätte, die <br><br> • der Arbeitgeber bestimmt oder <br> • der Wohnung am nächsten liegt, wenn die Bestimmung fehlt bzw. nicht eindeutig ist. | Wird im Einzelfall geltend gemacht, dass <br><br> • eine andere betriebliche Einrichtung des Arbeitgebers eine regelmäßige Arbeitsstätte ist oder <br> • keine regelmäßige Arbeitsstätte vorliegt, <br><br> ist dies anhand des inhaltlichen (qualitativen) Schwerpunktes der beruflichen Tätigkeit nachzuweisen oder glaubhaft zu machen. |

## 12.1 Wann und wo der GmbH-Gesellschafter eine erste Tätigkeitsstätte hat (Neuregelung seit 2014)

Die Bestimmung der **ersten Tätigkeitsstätte** ist von zentraler Bedeutung, weil Arbeitnehmer und somit auch GmbH-Gesellschafter/Geschäftsführer nur **eine** erste Tätigkeitsstätte haben können. Für die Fahrten zwischen Wohnung und erster Tätigkeitsstätte dürfen nicht die tatsächlichen Kosten, sondern nur die Entfernungspauschale von 0,30 € pro **Entfernungskilometer** geltend gemacht werden.

Wann von einer ersten Tätigkeitsstätte auszugehen ist, ist in § 9 Abs. 4 EStG gesetzlich geregelt. Danach ist die erste Tätigkeitsstätte eine **ortsfeste betriebliche Einrichtung**

• des Arbeitgebers,

• eines verbundenen Unternehmens (§ 15 des Aktiengesetzes) oder

• eines vom Arbeitgeber bestimmten Dritten,

der der Arbeitnehmer dauerhaft zugeordnet ist.

Von einer **dauerhaften Zuordnung** ist insbesondere auszugehen, wenn der Arbeitnehmer

• unbefristet oder

• für die Dauer des Dienstverhältnisses oder

• über einen Zeitraum von 48 Monaten hinaus

an einer solchen Tätigkeitsstätte tätig werden soll (Prognose).

**Fehlt die Festlegung** auf eine Tätigkeitsstätte oder ist sie nicht eindeutig, ist die erste Tätigkeitsstätte **die** betriebliche Einrichtung, an der der GmbH-Gesellschafter/Geschäftsführer

- typischerweise arbeitstäglich tätig werden soll oder
- je Arbeitswoche zwei volle Arbeitstage oder
- mindestens ein Drittel seiner vereinbarten regelmäßigen Arbeitszeit

tätig werden soll.

Hat die GmbH mehr als einen Betriebssitz, kann der Gesellschafter/Geschäfts-führer höchstens an einem Betriebssitz eine erste Tätigkeitsstätte haben. Das gilt auch dann, wenn die Voraussetzungen für **mehrere** Tätigkeitsstätten vorliegen. In diesem Fall bestimmt die GmbH, welche Tätigkeitsstätte die erste Tätigkeitsstätte sein soll. Trifft die GmbH hierzu keine oder keine eindeutige Bestimmung, ist die Tätigkeitsstätte als erste Tätigkeitsstätte anzusehen, die der Wohnung **örtlich am nächsten** liegt.

**Praxis-Beispiel:**
Ein GmbH-Gesellschafter ist an 3 Tagen in der Woche in der Hauptniederlas-sung der GmbH in Köln tätig. An einem Tag in der Woche ist er in der Nie-derlassung in Düsseldorf tätig und an einem weiteren Tag der Woche in Bonn.

**Lösung:** Der GmbH-Gesellschafter hat in Köln seine erste Tätigkeitsstätte. Bei einem Firmen-PKW ermittelt er die Fahrten zur ersten Tätigkeitsstätte mithilfe der 0,002%-Methode, weil sie vorteilhafter ist als die 0,03%-Methode. Seine Fahrten zu den Niederlassungen in Düsseldorf und Bonn sind als auswärtige Tätigkeiten einzustufen, die nach Reisekostengrundsätzen abzurechnen sind. Die Entfernungspauschale für die Fahrten nach Köln kann er nur in seiner Ein-kommensteuererklärung geltend machen.

**Wichtig!** Der Arbeitgeber muss die Kosten des Firmenwagens, die auf die Fahrten zwischen Wohnung und erster Tätigkeitsstätte des Arbeitnehmers entfallen, als steuerpflichtigen Arbeitslohn erfassen. Das gilt generell, also auch für **GmbH-Gesellschafter**, die Arbeitnehmer ihrer GmbH sind. Die GmbH als Arbeitgeber erfasst den vollen Betrag, weil eine Saldierung mit der Entfernungspauschale nicht zulässig ist. Die GmbH darf die Entfernungspauschale allerdings erstatten, wenn sie diese mit 15% pauschal versteuert.

**Praxis-Tipp**
Berufliche Fahrten sind auswärtige Tätigkeiten, wenn und soweit keine erste Tä-tigkeitsstätte vorhanden ist. Überlässt die GmbH ihrem Gesellschafter einen Fir-menwagen, den dieser auch für Privatfahrten und für Fahrten zwischen Wohnung und erster Tätigkeitsstätte nutzen kann, muss sie zweckmäßigerweise durch Ge-

sellschafterbeschluss festlegen, in welcher Betriebsstätte der GmbH der Gesellschafter seine **erste Tätigkeitsstätte** hat.
Gibt es **keine erste Tätigkeitsstätte**, sind alle Fahrten mit ihren **tatsächlichen
Kosten** steuerlich abziehbar, sodass die Fahrten des Gesellschafters zum Betrieb
nicht als geldwerter Vorteil versteuert werden müssen.

## 12.2 Abgrenzung zwischen Auswärtstätigkeit und erster Tätigkeitsstätte

Ob und wo der GmbH-Gesellschafter eine erste Tätigkeitsstätte hat, ist gemäß § 9
Abs. 4 EStG (wie bei jedem Arbeitnehmer) in **mehreren Stufen** zu prüfen. Dabei
ist zwingend die folgende Reihenfolge einzuhalten:

**Erster Schritt:**    Die GmbH legt die erste Tätigkeitsstätte fest (auf die Qualität
der Tätigkeit an dieser Tätigkeitsstätte kommt es nicht an).

**Zweiter Schritt:**    Ohne Festlegung bzw. ohne eindeutige Festlegung durch die
GmbH sind die gesetzlich vorgegebenen Merkmale entschei-
dend.

## 12.2.1 Erster Schritt: GmbH legt die erste Tätigkeitsstätte fest

Ordnet die GmbH ihrem Gesellschafter einer bestimmten Tätigkeitstätte dauerhaft
zu, befindet sich dort seine „erste Tätigkeitsstätte". Diese Zuordnung kann schriftlich oder mündlich erfolgen. Die GmbH kann z. B. aus organisatorischen Gründen
eine bestimmte Betriebsstätte (Dienststelle) als erste Tätigkeitsstätte festlegen, sie
muss es aber nicht. Eine Zuordnung beim Gesellschafter-Geschäftsführer sollte
zweckmäßigerweise durch Gesellschafterbeschluss erfolgen.

Es liegt **keine** erste Tätigkeitstätte vor, wenn die Zuordnung **allein** aus **organisatorischen** Gründen (z. B. zur Führung der Personalakten) erfolgt. Eine erste Tätigkeitsstätte liegt allerdings vor, wenn die **Zuordnung** sich **auf die Tätigkeit des
GmbH-Gesellschafters bezieht.** Auf die Qualität der Tätigkeit (also auch auf den
Umfang der Tätigkeit) kommt es nicht an.

**Konsequenz**: Hat die GmbH eine erste Tätigkeitsstätte für ihren Gesellschafter
wirksam festgelegt, dann ist dies grundsätzlich auch **für das Finanzamt verbindlich.**

**Praxis-Beispiel:**

Eine GmbH weist ihre Betriebsstätte in allen Arbeitsverträgen mit ihren Arbeitnehmern immer als erste Tätigkeitsstätte (Haupttätigkeitsstätte bzw. Stammdienststelle) aus. Diese Zuordnung nimmt die GmbH auch bei ihren Gesellschaftern vor.

**Ergebnis:** Die Betriebsstätte der GmbH ist als erste Tätigkeitsstätte zu behandeln. Das hat zur Folge, dass alle Fahrten von der Wohnung zur Betriebsstätte und von der Betriebsstätte zur Wohnung als Fahrten zwischen Wohnung und erster Tätigkeitsstätte einzustufen sind.

Hat die GmbH die **erste Tätigkeitsstätte festgelegt**, kommt es **nicht** darauf an,

- in welchem Umfang der GmbH-Gesellschafter dort tatsächlich tätig wird,
- ob er regelmäßig dort tätig wird und
- ob er an mehreren Tätigkeitsstätten tätig wird und die Tätigkeit an den anderen Tätigkeitsstätten einen größeren Umfang einnimmt als an der ersten Tätigkeitsstätte.

**Konsequenz:** Da es seit 2014 nicht mehr auf Umfang und Qualität der Tätigkeit ankommt, besteht ein Gestaltungsspielraum, den die GmbH zu ihren Gunsten und zu Gunsten ihres GmbH-Gesellschafters nutzen kann.

**Praxis-Beispiel:**

Eine GmbH betreibt zwei Geschäfte. Ein Geschäft befindet sich in Köln und das andere Geschäft in Bonn. Der Gesellschafter, der in der Nähe von Bonn wohnt, ist regelmäßig

- an einem Tag der Woche in Bonn (Entfernung von der Wohnung zum Betrieb 8 km) und
- an vier Tagen in der Woche in Köln (Entfernung von der Wohnung zum Betrieb 48 km).

Die GmbH bestimmt die Betriebsstätte in Bonn als erste Tätigkeitstätte, sodass die Entfernungspauschale für die Fahrt nach Bonn anzusetzen ist. Die Kosten für die Fahrten nach Köln fallen im Rahmen einer auswärtigen Tätigkeit an und sind voll abziehbar.

---

**Praxis-Tipp**

Es gibt Situationen, in denen es sinnvoll ist, wenn die GmbH eine erste Tätigkeitsstätte

- **festlegt**, um ein vorteilhaftes Ergebnis zu erzielen (wie im vorhergehenden Beispiel),
- **nicht festlegt**, damit Fahrten insgesamt als auswärtige Tätigkeiten abgerechnet werden können.

Ist der GmbH-Gesellschafter nahezu ausschließlich im Außendienst tätig, handelt es sich um Fahrten zwischen Wohnung und erster Tätigkeitsstätte, wenn festgelegt wurde, dass sich die erste Tätigkeitsstätte am Betriebssitz befindet. Ohne erste Tätigkeitsstätte handelt es sich auch bei den Fahrten zur Betriebsstätte um auswärtige Tätigkeiten, bei denen die Fahrtkosten **voll abziehbar** sind.

---

**Problem!** Finanzbeamte, insbesondere Betriebsprüfer, werden versuchen, günstige steuerliche Ergebnisse mithilfe des § 42 AO zunichte zu machen. Im BMF-Schreiben vom 30.9.2013 (IV C 5 – S 2353/13/10004) ist bereits jetzt eine Tendenz absehbar, wonach die Finanzverwaltung unliebsame Gestaltungen als Missbrauch behandeln und nicht anerkennen will.

Das gilt **insbesondere bei Gesellschafter-Geschäftsführern,** weil es hier darauf ankommt, ob die Vereinbarungen einem **Fremdvergleich** standhalten. Da es sich um eine Neuregelung handelt, dürfte es schwierig sein festzustellen, was in dieser Situation überhaupt zwischen Fremden üblich ist. Auseinandersetzungen mit der Finanzverwaltung, die sicherlich auch vor den Finanzgerichten ausgetragen werden, sind absehbar.

## 12.2.2 Zweiter Schritt:
### Checkliste, wenn keine bzw. keine eindeutige Festlegung durch den Arbeitgeber erfolgt ist

Hat die GmbH **keine** erste Tätigkeitsstätte bestimmt oder ist sie nicht eindeutig, hängt es von der **Arbeitszeit** ab, die der GmbH-Gesellschafter an der jeweiligen Tätigkeitsstätte verbringt. Der GmbH-Gesellschafter hat gemäß § 9 Abs. 4 EStG seine erste Tätigkeitsstätte dort, wo er entweder

- typischerweise arbeitstäglich tätig werden soll oder
- je Arbeitswoche mindestens zwei volle Arbeitstage verbringt oder
- mindestens 1/3 der vereinbarten regelmäßigen Arbeitszeit tätig werden soll.

Liegen die **Voraussetzzungen für mehrere Tätigkeitsstätten** vor, dann bestimmt die GmbH, wo sich die erste Tätigkeitsstätte befindet. Hat die GmbH keine Bestimmung getroffen, gilt die Tätigkeitsstätte als erste Tätigkeitsstätte, die der Wohnung des GmbH-Gesellschafters **am nächsten** liegt.

**Prüfung der ersten Tätigkeitsstätte**

| Lfd. Nr. | Reihenfolge der Prüfung | Voraussetzung erfüllt | | Auswirkung |
|---|---|---|---|---|
| | | ja | nein | |
| 1. | Der Arbeitnehmer wird typischerweise arbeitstäglich an einem Ort tätig | ☐ | ☐ | Falls ja, ist Prüfung beendet |
| 2. | Der Arbeitnehmer ist mindestens zwei volle Arbeitstage je Woche an einer Tätigkeitsstätte tätig | ☐ | ☐ | Falls ja, ist Prüfung beendet (falls 4. nicht vorliegt) |
| 3. | Der Arbeitnehmer verbringt mindestens 1/3 der vereinbarten regelmäßigen Arbeitszeit an einer Tätigkeitsstätte | ☐ | ☐ | Falls ja, ist Prüfung beendet (falls 4. nicht vorliegt) |
| 4. | Voraussetzungen 2-3 sind bei **mehreren** Tätigkeitsstätten erfüllt | ☐ | ☐ | Falls ja, kommt es auf Nr. 5 und 6 an |
| 5. | Zuordnung durch Arbeitgeber | ☐ | ☐ | Falls ja, ist Prüfung beendet |
| 6. | Keine Zuordnung durch Arbeitgeber | ☐ | | Erste Tätigkeitsstätte = Tätigkeitsort, der der Wohnung am nächsten liegt |

**Praxis-Beispiel:**
Ein GmbH-Gesellschafter wohnt in Bonn. Er betreut die zwei Filialen der GmbH in Köln und Düsseldorf. Er hält sich wöchentlich regelmäßig an 3 Tagen in Düsseldorf und an 2 Tagen in Köln auf. Die Entfernung von der Wohnung zur Filiale in Düsseldorf beträgt 100 km und die Entfernung zur Filiale in Köln 50 km. Die GmbH hat keine Aussagen dazu getroffen, welche Filiale die erste Tätigkeitsstätte sein soll.

**Lösung**: Die Voraussetzungen, um von einer ersten Tätigkeitsstätte ausgehen zu können, liegen bei beiden Filialen vor. Der GmbH-Gesellschafter hält sich sowohl in Düsseldorf als auch in Köln regelmäßig an mindestens 1/3 der vereinbarten regelmäßigen Arbeitszeit auf. Da die GmbH keine Zuordnung vorgenommen hat, ist die Filiale in Köln die erste Tätigkeitsstätte, weil sie am nächsten zur Wohnung des GmbH-Gesellschafters liegt. Dass er mehr Zeit (regelmäßig 3 Tage) in Düsseldorf verbringt als in Köln (2 Tage), spielt keine Rolle.

**Konsequenz**: Der GmbH-Geschäftsführer muss die Aufwendungen, die auf die beiden wöchentlichen Fahrten nach Köln entfallen, als geldwerten Vorteil versteuern. Bei den 3 Fahrten nach Düsseldorf handelt es sich um Fahrten im Rahmen einer Auswärtstätigkeit, die nicht zu einem geldwerten Vorteil führen.

**Keine erste Tätigkeitsstätte**: Das vorstehende Prüfschema macht auch deutlich, dass seit **dem 1.1.2014 keine** erste Tätigkeitsstätte vorliegt, wenn der GmbH-Gesellschafter

* in verschiedenen Filialen seiner GmbH wechselnd tätig ist und in allen Filialen weniger als 1/3 seiner Arbeitszeit verbringt oder
* den Betriebssitz seiner GmbH nur zu Kontrollzwecken bzw. zur Auftragsabwicklung aufsucht.

## Besonderheiten bei der Entfernungspauschale

* Die Entfernungspauschale ist nach der **kürzesten Straßenverbindung** zwischen Wohnung und erster Tätigkeitsstätte zu berechnen (eine längere Strecke ist zulässig, wenn diese **offensichtlich verkehrsgünstiger** ist und tatsächlich regelmäßig genutzt wird).
* Die Entfernungspauschale gilt nur für **eine Fahrt pro Tag**.
* Bei **mehreren Wohnungen** darf die längere Strecke nur angesetzt werden, wenn die weiter entfernt liegende Wohnung der Mittelpunkt der Lebensinteressen ist und nicht nur gelegentlich aufgesucht wird.
* Wird ein **Werkstattwagen** genutzt, um während des Bereitschaftsdienstes jederzeit einsatzfähig zu sein oder um am nächsten Tag sofort zum nächsten Kunden fahren zu können, sind die Fahrten zwischen Wohnung und Betriebsstätte **voll abziehbar** (BFH-Urteil vom 18.12.2008, VI R 34/07). Der Abzug ist nicht auf die Entfernungspauschale begrenzt.

## 12.4 Wie die Entfernung zur Betriebsstätte ermittelt wird

Maßgebend ist die **kürzeste** Straßenverbindung zwischen Wohnung und erster Tätigkeitsstätte unabhängig davon, welches Verkehrsmittel der GmbH-Gesellschafter (Arbeitnehmer) benutzt. Die Entfernung ist auf **volle Entfernungskilometer abzurunden**, d. h., angefangene Kilometer bleiben unberücksichtigt.

Bei der Nutzung eines Kfz kann auch statt der kürzesten die **verkehrsgünstigste** Straßenverbindung zugrunde gelegt werden, wenn diese regelmäßig für Fahrten zwischen Wohnung und erster Tätigkeitsstätte genutzt wird. Das heißt, dass die längere Strecke zugrunde gelegt werden kann, wenn diese **offensichtlich verkehrsgünstiger** ist.

In seinen Urteilen vom 16.11.2011 (VI R 19/11 und VI R 46/10) hat der BFH entschieden, wann die Voraussetzung „offensichtlich verkehrsgünstiger" erfüllt ist.

Eine Strecke kann auch dann offensichtlich verkehrsgünstiger sein, wenn nur eine **geringe Zeitersparnis** zu erwarten ist. Bei der Beurteilung, ob eine Strecke verkehrsgünstiger ist, kommt es nach den Urteilen des BFH unter anderem auf die Streckenführung, die Schaltung von Ampeln, das Entstehen von Staus und ähnliche Kriterien an.

**Praxis-Beispiel (1):**
Die kürzeste Straßenverbindung zwischen Wohnung und Betriebsstätte beträgt 10 km. Anstelle der kürzesten Straßenverbindung nutzt der GmbH-Gesellschafter eine Strecke, die 2 km länger ist. Dafür behindern auf dieser Strecke nur 2 statt 8 Verkehrsampeln den Verkehrsfluss. Konsequenz ist, dass die um 2 km längere Strecke verkehrsgünstiger ist. Bei der Korrekturberechnung im Rahmen der Entfernungspauschale ist also von 12 km auszugehen.

**Praxis-Beispiel (2):**
Die kürzeste Straßenverbindung zwischen Wohnung und erster Tätigkeitsstätte beträgt 16 km. Anstelle der kürzesten Straßenverbindung nutzt der GmbH-Gesellschafter eine Strecke, die 4 km länger ist. Bei der längeren Strecke umgeht er die Verkehrsstaus, die regelmäßig während der Hauptverkehrszeiten entstehen. Bei der Korrekturberechnung im Rahmen der Entfernungspauschale ist von 20 km ausgehen.

Außerdem stellt das BMF klar, dass die längere verkehrsgünstigere Strecke nur dann zugrunde gelegt werden darf, wenn diese Strecke auch **tatsächlich zurückgelegt** wird. Allein das Vorhandensein einer anderen verkehrsgünstigeren Strecke reicht für sich allein nicht aus.

**Praxis-Tipp**

Der GmbH-Gesellschafter kann bei der Berechnung der Entfernungspauschale immer die längere Strecke zugrunde legen, wenn sie offensichtlich verkehrsgünstiger ist. Dabei kommt es nicht auf die Dauer der Zeitersparnis an. Es reicht aus, wenn auf der längeren Strecke der Verkehrsfluss schneller ist als auf der kürzesten Strecke.

**Aber**: Nutzt der GmbH-Gesellschafter einen Firmenwagen, bei dem die private Nutzung **pauschal mit 1%** ermittelt wird, dann wird auch der Kostenanteil für Fahrten zum Betrieb pauschal ermittelt. In dieser Situation ist es regelmäßig günstiger, wenn zur Berechnung der Entfernungspauschale eine **möglichst kurze Strecke** angesetzt wird.

**Im Übrigen gilt Folgendes:**

*   Eine **Fährverbindung** ist einzubeziehen, wenn sie zumutbar und wirtschaftlich sinnvoll ist. Die Strecke, die die Fähre zurücklegt, wird bei der Ermittlung der Entfernung nicht einbezogen. Dafür dürfen neben der Entfernungspauschale die **tatsächlichen Fährkosten** abgezogen werden.
*   Gebühren für die Nutzung eines Tunnels oder einer Straßenverbindung (**Mautgebühren**) dürfen **nicht zusätzlich** zur Entfernungspauschale abgezogen werden.
*   Maßgeblich ist die kürzeste Straßenverbindung auch dann, wenn sie mautpflichtig ist oder mit dem Verkehrsmittel, das tatsächlich verwendet wird, straßenverkehrsrechtlich nicht benutzt werden darf (BFH-Urteile vom 24.9.2013, VI R 20/13, und vom 12.12.2013, VI R 49/13).
*   Finden Hin- und Rückfahrt an zwei **verschiedenen Tagen** statt, z. B. bei Nachtschichten, wird unterstellt, dass sie an einem Tag stattgefunden haben.

**Praxis-Beispiel (1):**

Der GmbH-Gesellschafter wohnt am Rhein. Der Betrieb der GmbH befindet sich auf der anderen Rheinseite. Die kürzeste Straßenverbindung über die nächste Brücke beträgt 24 Kilometer. Nutzt er die Fähre, sind es nur 5,8 km (6,1 km – 0,3 km Fährstrecke). Anzusetzen sind 5 km, weil auf volle Kilometer abzurunden ist. Die Fährkosten können **zusätzlich** abgezogen werden.

**Praxis-Beispiel (2):**

Die kürzeste Straßenverbindung zwischen Wohnung und erster Tätigkeitsstätte beträgt 9 km und verläuft durch einen mautpflichtigen Tunnel. Der Tunnel darf nur von Fahrzeugen befahren werden, die nach ihrer Bauart eine Höchstgeschwindigkeit von mehr als 60 km/h zurücklegen können. Das Moped, das der Arbeitnehmer nutzt, erfüllt diese Voraussetzung nicht, sodass er damit nicht durch den Tunnel fahren darf. Stattdessen nutzt der Arbeitnehmer für seine Fahrt zur ersten Tätigkeitsstätte eine Strecke von 27 km. Hierfür benötigt er gegenüber der kürzeren Verbindung eine längere Fahrzeit.

**Ergebnis**: Bei der Berechnung der Entfernungspauschale sind 9 km zugrunde zu legen.

## 12.5 Abzug der tatsächlichen Kosten bei Behinderung

Ist der GmbH-Gesellschafter behindert und beträgt der Grad der Behinderung

- mindestens 70% oder
- weniger als 70% aber mindestens 50%, wenn seine Bewegungsfähigkeit im Straßenverkehr erheblich eingeschränkt ist (Merkzeichen „G" oder „aG" im Behindertenausweis),

kann er (ab dem Eintritt der Behinderung) anstelle der Entfernungspauschale die **tatsächlichen** Kosten geltend machen (§ 9 Abs. 2 EStG). Die Behinderung ist durch amtliche Unterlagen nachzuweisen, z. B. durch einen Schwerbehindertenausweis. Nutzt der behinderte GmbH-Gesellschafter einen Firmenwagen der GmbH, entfällt der Ansatz eines geldwerten Vorteils wegen der Fahrten zwischen Wohnung und erster Tätigkeitsstätte vollständig.

## 12.6 Fahrten zwischen Betriebsstätten/Arbeitsstätten

Die Beschränkung der Fahrtkosten auf **0,30 € je Entfernungskilometer** gilt für Fahrten zwischen Wohnung und erster Tätigkeitsstätte, nicht aber für Fahrten zwischen zwei Betriebsstätten (bzw. zwei Tätigkeitsstätten desselben Arbeitgebers). Die Kosten für diese Fahrten kann die GmbH voll als Betriebsausgaben abziehen, ohne beim Gesellschafter dafür einen geldwerten Vorteil versteuern zu müssen.

**Praxis-Beispiel:**
Der GmbH-Gesellschafter fährt von der Betriebsstätte der GmbH in Bonn zur 12 km entfernten Betriebsstätte in Siegburg. Er verwendet für diese Fahrten den Firmenwagen. Die GmbH zieht alle Kosten für den Firmenwagen als Betriebsausgaben ab, ohne dass beim GmbH-Gesellschafter ein geldwerter Vorteil zu erfassen ist.

## 12.6.1 Mehrere Betriebsstätten/Arbeitsstätten

Es handelt sich um eine auswärtige Tätigkeit, wenn der GmbH-Gesellschafter „vorübergehend" von seiner Wohnung und seiner ersten Tätigkeitsstätte tätig wird. Das bedeutet, dass es sich nicht um Fahrten zwischen Wohnung und erster Tätigkeitsstätte handelt, wenn der GmbH-Gesellschafter eine Tätigkeitsstätte aufsucht, die nicht seine erste Tätigkeitsstätte ist.

Hat die GmbH **zwei oder mehr** Betriebsstätten, dann können die Fahrten zwischen den Betriebsstätten immer uneingeschränkt als Betriebsausgaben abgezogen werden.

**Praxis-Beispiel:**
Ein GmbH-Gesellschafter wohnt in Köln. Morgens fährt er zur 30 km entfernt liegenden Betriebsstätte der GmbH in Bonn. Dort befindet sich seine erste Tätigkeitsstätte. Mittags fährt er 14 km zur zweiten Betriebsstätte in Siegburg und abends dann von Siegburg 36 km zurück in seine Wohnung. Die Fahrten zwischen Bonn, Siegburg und zurück nach Köln sind keine Fahrten zwischen Wohnung und erster Tätigkeitsstätte.

Nur bei den Fahrten von Köln nach Bonn handelt es sich um Fahrten zwischen Wohnung und erster Tätigkeitsstätte. Da pro Tag nur eine Fahrt zur ersten Tätigkeitsstätte unternommen wird, kann zur Ermittlung der Entfernungskilometer nur die Hälfte der Strecke angesetzt werden:

| | |
|---|---|
| Fahrt von Köln nach Bonn | 30 km |
| geteilt durch | 2 |
| = maßgebende Entfernungskilometer | 15 km |

## 12.6.2 Entfernungspauschale bei Arbeitnehmern mit mehreren Dienstverhältnissen

Arbeitnehmer mit **mehreren Dienstverhältnissen** können bei jedem Arbeitgeber eine erste Tätigkeitsstätte haben. Kehrt der Arbeitnehmer zwischenzeitlich in seine Wohnung zurück, ist für jede Fahrt zum jeweiligen Beschäftigungsort die Entfernungspauschale anzusetzen.

**Praxis-Beispiel:**
Ein GmbH-Gesellschafter ist Geschäftsführer zweier GmbHs in Bonn (GmbH 1) und in Euskirchen (GmbH 2). Vormittags fährt er 18 km von seinem Wohnort in Rheinbach zur ersten Tätigkeitsstätte seiner GmbH 1 in Bonn. Im Laufe des Tages kehrt er nach Rheinbach zurück. Am Nachmittag fährt er zur ersten Tä-

tigkeitsstätte im Rahmen des zweiten Beschäftigungsverhältnisses bei der GmbH 2 nach Euskirchen, die 12 km von Rheinbach entfernt liegt.

Nutzt der GmbH-Geschäftsführer einen Firmenwagen der GmbH 1 muss er den geldwerten Vorteil für die Fahrten zur ersten Tätigkeitsstätte der GmbH 1 als Arbeitslohn versteuern. Die Fahrten, die er mit dem Firmenwagen zur GmbH 2 in Euskirchen zurücklegt, werden von der GmbH 1 nicht erfasst.

Der GmbH-Geschäftsführer kann in seiner persönlichen Einkommensteuererklärung folgende Entfernungspauschalen geltend machen:

| | | |
|---|---|---|
| Bonn: | 220 Tage x 18 km x 0,30 € = | 1.188 € |
| Euskirchen: | 220 Tage x 12 km x 0,30 € = | 792 € |
| Insgesamt | | 1.980 € |

Fährt der GmbH-Gesellschafter mehrere erste Tätigkeitsstätten ohne Rückkehr zur Wohnung nacheinander an, ist der Weg von der ersten regelmäßigen Arbeitsstätte als Umwegstrecke zur nächsten ersten Tätigkeitsstätte zu erfassen. Diese Umwegstrecke darf höchstens die Hälfte der Gesamtstrecke betragen.

**Praxis-Beispiel:**
Ein GmbH-Gesellschafter übt neben der Tätigkeit für seine GmbH an 220 Tagen eine zusätzliche Teilzeitbeschäftigung bei einem anderen Arbeitgeber aus. Vormittags fährt er von seinem Wohnort in Rheinbach zur ersten Tätigkeitsstätte seiner GmbH in Bonn-Nord. Am Nachmittag fährt er weiter nach Bonn-Bad Godesberg und kehrt abends nach Rheinbach zurück. Die Entfernung zwischen Rheinbach und Bonn-Nord beträgt 20 km, zwischen Bonn-Nord und Bonn-Bad Godesberg 14 km und zwischen Bonn-Bad Godesberg und Rheinbach 18 km.

Die Gesamtentfernung beträgt (20 km + 14 km + 18 km =) 52 km; die Entfernung zwischen der Wohnung und den beiden ersten Tätigkeitsstätten beträgt (20 km + 18 km =) 38 km. Das ist mehr als die Hälfte der Gesamtentfernung. Da der GmbH-Gesellschafter einen Firmenwagen der GmbH nutzt, muss er nur den geldwerten Vorteil für die Fahrten zur ersten Tätigkeitsstätte der GmbH als Arbeitslohn versteuern. Bei der **Berechnung des geldwerten Vorteils** ist von **20 Entfernungskilometern** auszugehen.

Der GmbH-Gesellschafter kann in seiner persönlichen Einkommensteuererklärung eine Entfernungspauschale von 220 Tage x 26 x 0,30 € = 1.716 € geltend machen.

## 12.6.3    Pauschale Berechnung mit 0,03% oder mit 0,002%

Überlässt die GmbH ihrem Gesellschafter einen Firmenwagen, versteuert sie den geldwerten Vorteil für Privatfahrten in der Regel nach der 1%-Methode. Als geldwerten Vorteil für die Fahrten zwischen Wohnung und erster Tätigkeitsstätte erfasst die GmbH bei ihrem Gesellschafter entweder

- pauschal 0,03% vom Bruttolistenpreis des Fahrzeugs je Entfernungskilometer **pro Monat** (die 0,03%-Reglung geht von 15 Fahrten pro Monat aus) oder
- pauschal 0,002% vom Bruttolistenpreis des Fahrzeugs je Entfernungskilometer **für jede Fahrt** zum Betrieb (maximal 1 x pro Tag).

---

**Praxis-Tipp**

Wenn der GmbH-Gesellschafter seine erste Tätigkeitsstätte nicht oft aufsucht, ist es besser, die 0,002%-Methode anzusetzen. Das BMF erlaubt es, die 0,002%-Methode **auf 180 Tage pro Jahr zu begrenzen**. Das entspricht dann der 0,03%-Methode. Wegen der Begrenzung auf 180 Tage gibt es kein Risiko, sodass es im Zweifel besser ist, die 0,002%-Methode anzuwenden.

---

## 12.6.4    Nutzung für Fahrten zur ersten Tätigkeitsstätte ohne Privatfahrten

Wenn die GmbH ihrem Gesellschafter/Geschäftsführer einen Firmenwagen überlässt, den dieser auch privat und für Fahrten zwischen Wohnung und Betriebsstätte nutzen kann, verfährt die GmbH wie folgt:

- Für die **Privatfahrten** erfasst die GmbH einen geldwerten Vorteil, den sie bei seinem Gesellschafter/Geschäftsführer als Arbeitslohn versteuern muss (z. B. nach der 1%-Methode).
- Für die **Fahrten zwischen Wohnung und erster Tätigkeitsstätte** ermittelt die GmbH einen Korrekturposten, den sie ebenfalls als Arbeitslohn versteuern muss (§ 8 Abs. 2 EStG).

Die GmbH wendet ihrem Gesellschafter/Geschäftsführer **keinen geldwerten** Vorteil zu, wenn die GmbH ihm einen Firmenwagen überlässt, den er **nur für betriebliche Fahrten** nutzen darf. Privatfahrten sind nicht anzusetzen, wenn die GmbH dem Gesellschafter/Geschäftsführer nur betriebliche Fahrten **und** Fahrten zwischen Wohnung und erster Tätigkeitsstätte erlaubt, Privatfahrten aber verbietet (BFH-Urteil vom 6.10.2011, VI R 56/10).

**Konsequenz:** Hat die GmbH Ihrem Gesellschafter/Geschäftsführer einen Firmen-wagen überlassen, den dieser für betriebliche Fahrten und für Fahrten zwischen Wohnung und erster Tätigkeitsstätte nutzen darf, ermittelt die GmbH einen **Korrekturposten** für Fahrten zwischen Wohnung und erster Tätigkeitsstätte pauschal oder anhand der tatsächlichen Kosten. Diesen versteuert die GmbH bei ihrem Gesellschafter/Geschäftsführer als Arbeitslohn. Es ist aber **kein geldwerter Vorteil** für Privatfahrten zu erfassen, weil keine stattfinden dürfen.

Der „**Anscheinsbeweis**", dass ein Firmenwagen privat genutzt wird, gilt nur, wenn der Arbeitgeber seinem Arbeitnehmer erlaubt, den Firmenwagen auch privat zu nutzen. Anders ist es jedoch, wenn der Arbeitgeber die Privatnutzung **ausdrücklich untersagt**. Bei einem Verbot der Privatnutzung darf das Finanzamt nicht unterstellen, dass der GmbH-Gesellschafter/Geschäftsführer dieses Verbot missachtet.

## 12.7    Entfernungspauschale: pauschale Lohnsteuer

Die GmbH kann ihrem Gesellschafter die Entfernungspauschale als Arbeitslohn auszahlen, wenn sie dafür eine pauschale Steuer von 15% zahlt. Nutzt der GmbH-Gesellschafter einen Firmenwagen der GmbH, kann die GmbH den geldwerten Vorteil bis zur Höhe der Entfernungspauschale pauschal der Lohnsteuer unterwerfen.

### Praxis-Beispiel (Nutzung eines Privatfahrzeugs):

Der GmbH-Gesellschafter wohnt 20 km von seiner ersten Tätigkeitsstätte entfernt. 2014 fährt er diese Strecke an 210 Tagen und kann in seiner Steuererklärung eine Entfernungspauschale von 210 km x 20 km x 0,30 € = 1.260 € geltend machen. Den Betrag, den der GmbH-Gesellschafter geltend machen kann, darf die GmbH bei der Lohnabrechnung pauschal der Lohnsteuer unterwerfen. Dabei rechnet die GmbH für Zwecke der pauschalen Besteuerung wie folgt:

| | Monatsbetrag | Jahresbetrag |
|---|---|---|
| Entfernungspauschale | 105,00 € | 1.260,00 € |
| pauschale Lohnsteuer 15% | 15,75 € | 189,00 € |
| Solidaritätszuschlag: 15,75 € bzw. 189 € x 5,5% | 0,87 € | 10,40 € |
| Ggf. Kirchensteuer: z.B. 15,75 € bzw. 189 € x 7% | 1,10 € | 13,23 € |
| Pauschale Steuerbelastung insgesamt | 17,72 € | 212,63 € |

Hat die GmbH ihrem Gesellschafter einen **Firmenwagen überlassen**, den dieser auch für private Fahrten nutzen darf, versteuert sie (ohne Fahrtenbuch) die private Nutzung nach der 1%-Methode. Fahrten zwischen Wohnung und erster Tätigkeitsstätte erfasst die GmbH dann als Arbeitslohn mit 0,03% vom Bruttolistenpreis im Jahr der Erstzulassung pro Monat oder mit 0,002% pro Fahrt. Die GmbH hat aber auch hier die Möglichkeit, die Entfernungspauschale pauschal zu versteuern.

**Praxis-Beispiel:**
Eine GmbH hat ihrem Gesellschafter einen Firmenwagen überlassen (Bruttolistenpreis im Jahr der Erstzulassung: 22.500 €). Der GmbH-Gesellschafter wohnt 15 km von der ersten Tätigkeitsstätte entfernt. Die GmbH setzt monatlich (22.500 € x 0,03% x 15 km =) 101,25 € als Arbeitslohn an. Davon darf sie die Entfernungspauschale abziehen und pauschal versteuern. Die Entfernungspauschale wird nach der Anzahl der Tage berechnet, die der GmbH-Gesellschafter im jeweiligen Monat zurückgelegt hat (z.B. 20 Tage). Die GmbH rechnet wie folgt:

| | |
|---|---:|
| pauschaler 0,03%-Wert | 101,25 € |
| Entfernungspauschale (20 Tage x 0,30 € x 15 km =) | 90,00 € |
| Als normaler Arbeitslohn zu versteuern | 11,25 € |
| pauschale Lohnsteuer 90 € x 15% = | 13,50 € |
| ggf. pauschale Kirchensteuer z. B. 13,50 € x 7% = | 0,95 € |
| Solidaritätszuschlag 13,50 € x 5,5% = | 0,74 € |
| Entfernungspauschale 90 € + pauschale Steuern (15,19 €) = | 105,19 € |

**SKR 03/SKR 04:**

| 4175/ 6090 | Fahrtkostenerstattung Wohnung/Arbeitsstätte | 90,00 € | | | | |
|---|---|---|---|---|---|---|
| 4149/ 6069 | Pauschale Steuer auf sonstige Bezüge (z.B. Fahrtkostenzuschüsse) | 15,19 € | an | 1200/ 1800 | Bank | 105,19 € |

# 13 Unfallkosten: Unfall des GmbH-Gesellschafters mit dem Firmen-PKW

Überlässt die GmbH ihrem Gesellschafter einen Firmenwagen, den dieser auch privat nutzen darf, dann muss er den privaten Nutzungsanteil als Arbeitslohn versteuern. In der Regel erfolgt die Versteuerung mit 1% vom Bruttolistenpreis im Zeitpunkt der Erstzulassung zuzüglich Sonderausstattung. Bei einem Unfall sind

Besonderheiten zu beachten, weil Schadenersatzansprüche der GmbH, auf die sie verzichtet, zusätzlich als Arbeitslohn zu erfassen sind, wenn die Bagatellgrenze von 1.000 € überschritten wird.

Unfallkosten eines Arbeitnehmers mit einem Firmen-PKW, die während einer Privatfahrt entstanden sind, sind als steuerpflichtiger Arbeitslohn zu erfassen, wenn der Arbeitnehmer schadenersatzpflichtig ist und der Arbeitgeber auf seinen Anspruch verzichtet. Der Arbeitgeber braucht keinen Arbeitslohn anzusetzen, wenn der Schadenersatzanspruch abzüglich Versicherungserstattung die **Bagatellgrenze von 1.000 €** zuzüglich Umsatzsteuer nicht überstiegt. Wird der Bagatellbetrag überschritten, bucht der Unternehmer den nicht geltend gemachten Schadenersatzanspruch auf das Konto „**Freiwillige soziale Aufwendungen, lohnsteuerpflichtig**" 4145 (SKR 03) bzw. 6060 (SKR 04).

**Praxis-Beispiel (Verzicht auf Schadenersatz ):**
Eine GmbH hat ihrem Gesellschafter im Rahmen eines Arbeitsverhältnisses einen Firmenwagen überlassen, den er auch für private Fahrten nutzen darf. Während einer privaten Fahrt verursacht der Gesellschafter einen Unfall, dessen Kosten nicht von der Vollkaskoversicherung übernommen werden. Die Reparaturkosten betragen 2.500 € zuzüglich 19% (475 €) Umsatzsteuer. Die GmbH hat gegenüber ihrem Gesellschafter einen Schadenersatzanspruch, den sie aber nicht geltend macht. Der GmbH-Gesellschafter muss den Betrag von 2.975 € als geldwerten Vorteil (Arbeitslohn) versteuern.

**SKR 03/SKR 04**

| 4145/ 6060 | Freiwillige soziale Aufwendungen, lohnsteuerpflichtig | 2.975 € | an | 8611/ 4947 | verrechnete sonstige Sachbezüge aus Kfz-Gestellung 19% USt | 2.500 € |
|---|---|---|---|---|---|---|
| | | | | 1776/ 3806 | Umsatzsteuer 19% | 475 € |

# 13.1 Beträge, die als steuerpflichtiger Arbeitslohn anzusetzen sind

Die GmbH als Arbeitgeber kann den privaten Nutzungswert mithilfe der 1%-Methode ermitteln und als Arbeitslohn ansetzen. **Anstelle des 1%-Werts** können bei der Ermittlung der privaten Nutzung die tatsächlichen Kosten (Gesamtkosten) angesetzt werden. Voraussetzung ist, dass

• die Aufwendungen durch Belege und
• das Verhältnis der privaten zu den übrigen Fahrten durch ein ordnungsgemäßes Fahrtenbuch

nachgewiesen werden. Die dienstlich und privat zurückgelegten Fahrtstrecken sind dabei gesondert und laufend in einem Fahrtenbuch festzuhalten.

## 13.2 Gesamtkosten als Grundlage für die Ermittlung der privaten Nutzung

Wird ein Fahrtenbuch geführt, dann wird der Prozentanteil der privaten Fahrten nach den Fahrtenbuchaufzeichnungen ermittelt. Um den Umfang der Kosten zu ermitteln, die auf die private Nutzung entfallen, kommt es somit darauf an,

• wie hoch dieser Prozentanteil ist und
• welche Kosten in die Gesamtkosten einzubeziehen sind.

**Wichtig** ist somit, welche **Kfz-Kosten** zu den **Gesamtkosten** gehören. Zu den Gesamtkosten gehören nur solche Kosten, die typischerweise unmittelbar mit dem Halten und der Nutzung des Kraftfahrzeugs entstehen (R 8.1. Abs. 9 LStR). Die Abschreibungen gehören stets zu den Gesamtkosten. Nicht zu den Gesamtkosten gehören z. B. Beiträge für einen Schutzbrief, der auf den Namen des Arbeitnehmers ausgestellt ist, Straßen- oder Tunnelbenutzungsgebühren und Unfallkosten.

## 13.3 Konsequenzen für die Behandlung von Unfallkosten

Unternimmt der GmbH-Gesellschafter eine berufliche Fahrt, sind die Kosten für einen Unfall, der sich auf dieser Fahrt ereignet, bei der GmbH als Betriebsausgaben abziehbar, ohne dass beim Gesellschafter ein geldwerter Vorteil anzusetzen ist. Die Unfallkosten sind **nicht** bei der Ermittlung des privaten Nutzungsanteils anzusetzen.

### Praxis-Beispiel (Unfall während einer betrieblichen Fahrt):

Eine GmbH hat ihrem Gesellschafter im Rahmen eines Arbeitsverhältnisses einen Firmen-PKW (Bruttolistenpreis 32.000 €) überlassen, den der Gesellschafter für betriebliche und private Zwecke nutzen kann. Abschreibung, Benzin, Reparaturen und andere laufende Kosten betragen 8.600 €. Er verursacht auf einer **betrieblichen Fahrt** einen Unfall. Die Reparaturkosten belaufen sich auf 2.800 €. Der GmbH-Gesellschafter führt ein Fahrtenbuch, das einen privaten Nutzungsanteil von 40% ausweist.

**Abrechnung nach den tatsächlichen Kosten:**

| | |
|---|---:|
| Kfz-Kosten insgesamt (8.600 € + 2.800 € =) | 11.400 € |
| abzüglich Unfallkosten | - 2.800 € |
| Gesamtkosten | 8.600 € |
| Davon 40% als privater Nutzungsanteil (= Arbeitslohn) | 3.440 € |

**Abrechnung nach der pauschalen 1%-Methode:**

1% vom Bruttolistenpreis = 32.000 € x 1% x 12 Monate    3.840 €
Die jährliche Privatnutzung ist mit 3.840 € als Arbeitslohn anzusetzen.

Bei einem Unfall ist der GmbH-Gesellschafter als Arbeitnehmer gegenüber seiner GmbH nach allgemeinen zivilrechtlichen Regeln **schadenersatzpflichtig**, wenn sich der Unfall z. B. während einer **Privatfahrt** oder während einer **Trunkenheitsfahrt** ereignet hat. Verzichtet der Arbeitgeber auf diesen Schadenersatz, liegt in Höhe des Verzichts ein gesonderter geldwerter Vorteil vor (§ 8 Abs. 2 Satz 1 EStG).

**Praxis-Beispiel (Unfall während einer Fahrt unter Alkoholeinwirkung):**
Eine GmbH hat ihrem Gesellschafter einen Firmen-PKW (Bruttolistenpreis 32.000 €) überlassen, den der Gesellschafter für betriebliche und private Zwecke nutzen kann. Abschreibung, Benzin, Reparaturen und andere laufende Kosten betragen 8.600 €. Der GmbH-Gesellschafter verursacht **unter Alkoholeinwirkung** auf einer betrieblichen Fahrt einen Unfall. Die Reparaturkosten belaufen sich auf 2.800 €. Wegen des Alkoholkonsums weigert sich die Vollkaskoversicherung, den Schaden zu übernehmen. Der GmbH-Gesellschafter führt ein Fahrtenbuch, das einen privaten Nutzungsanteil von 40% ausweist.

**Abrechnung nach den tatsächlichen Kosten:**

| | |
|---|---:|
| laufende Kfz-Kosten | 8.600 € |
| davon 40% als privater Nutzungsanteil (= Arbeitslohn) | 3.440 € |
| zuzüglich Unfallkosten | 2.800 € |
| als privater Nutzungsanteil (Arbeitslohn) sind anzusetzen | 6.240 € |

**Abrechnung nach der pauschalen 1%-Methode:**

| | |
|---|---:|
| 1% vom Bruttolistenpreis = 32.000 € x 1% x 12 Monate | 3.840 € |
| zuzüglich Unfallkosten | 2.800 € |
| als privater Nutzungsanteil (Arbeitslohn) sind anzusetzen | 6.640 € |

Erstattungen durch Dritte (z. B. durch eine Versicherung) mindern den Schadenersatzanspruch der GmbH. Hat die GmbH eine Vollkaskoversicherung abgeschlossen, verbleibt in der Regel nur ein geldwerter Vorteil in Höhe des vereinbarten Selbstbehalts.

## 13.4 Bagatellgrenze von 1.000 €

Verzichtet die GmbH gegenüber ihrem Gesellschafter (Arbeitnehmer) auf einen Schadenersatzanspruch, liegt grundsätzlich in Höhe des Verzichts ein gesonderter geldwerter Vorteil vor (§ 8 Abs. 2 Satz 1 EStG). **Erstattungen durch Dritte** (z. B. durch eine Versicherung) mindern den Schadenersatzanspruch der GmbH. Hat die GmbH eine Vollkaskoversicherung abgeschlossen, bleibt in der Regel ein geldwerter Vorteil in Höhe des vereinbarten Selbstbehalts übrig.

**Aber!** Es ist kein geldwerter Vorteil anzusetzen, wenn nach der Erstattung durch Dritte Unfallkosten **bis zur Höhe von 1.000 €** (zuzüglich Umsatzsteuer) je Schaden verbleiben. Es ist in diesem Zusammenhang nicht zu beanstanden, wenn diese als Reparaturkosten **in die Gesamtkosten einbezogen** werden (R 8.1. Abs. 9 Nr. 2 Satz 12 LStR).

### Praxis-Beispiel (Unfall während einer Privatfahrt / 1.000 €-Bagatellgrenze):

Eine GmbH hat ihrem Gesellschafter im Rahmen eines Arbeitsverhältnisses einen Firmen-PKW (Bruttolistenpreis 32.000 €) überlassen, den er für betriebliche und private Zwecke nutzen kann. Abschreibung, Benzin, Reparaturen und andere laufende Kosten betragen 8.600 €. Der GmbH-Gesellschafter verursacht auf einer privaten Fahrt einen Unfall. Die Reparaturkosten belaufen sich auf 2.800 €. Die Versicherung erstattet 1.800 € (2.800 € − 1.000 € Selbstbeteiligung). Der GmbH-Gesellschafter führt ein Fahrtenbuch, das einen privaten Nutzungsanteil von 40% ausweist.

### Abrechnung nach den tatsächlichen Kosten:

| | |
|---|---|
| laufende Kfz-Kosten (ohne Unfallkosten) | 8.600 € |
| Unfallkosten (2.800 € - 1.800 €) | 1.000 € |
| Gesamtkosten | 9.600 € |
| davon sind 40% als privater Nutzungsanteil (= Arbeitslohn) anzusetzen | 3.840 € |

### Abrechnung nach der pauschalen 1%-Methode:

| | |
|---|---|
| 1% vom Bruttolistenpreis = 32.000 € x 1% x 12 Monate | 3.840 € |

Die jährliche Privatnutzung ist in Höhe von 3.840 € als Arbeitslohn anzusetzen. Da die Unfallkosten den Gesamtkosten zugerechnet werden, ist der pauschale Betrag nach der 1%-Methode **nicht um die Unfallkosten zu erhöhen.**

**Wichtig!** Hat der Arbeitgeber **keine** Vollkaskoversicherung abgeschlossen, darf er nach R 8.1. Abs. 9 Nr. 2 LStR aus Vereinfachungsgründen **so verfahren, als hätte er eine Vollkaskoversicherung** mit einem **Selbstbehalt in Höhe von 1.000 €** abgeschlossen (**Fiktion**). Es tritt dann dasselbe Ergebnis ein wie im Beispiel zuvor.

Voraussetzung ist allerdings, dass es bei einer bestehenden Versicherung zu einer Erstattung gekommen wäre. Das heißt, dass diese Vereinfachungsregelung nicht anzuwenden ist, wenn sich der Unfall z. B. bei einem **Straßenrennen** oder **unter Alkoholeinwirkung** ereignet hat. In diesen Fällen ändert sich der Charakter der Fahrt, sodass aus einer betrieblichen Fahrt immer eine private Fahrt wird, bei der sich die Vollkaskoversicherung zu Recht weigert, die Unfallkosten zu übernehmen.

**Übersicht: lohnsteuerliche Behandlung von Unfallkosten**

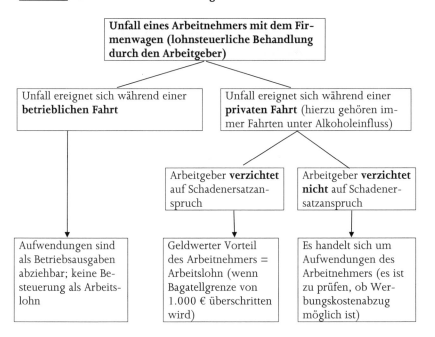

83

---

**Ergebnis:**

Durch die Bagatellgrenze von 1.000 € je Unfall/Schadensfall muss in der Regel **nur dann** ein **geldwerter Vorteil als Arbeitslohn** versteuert werden, wenn die Versicherung den Schaden nicht übernimmt bzw. nicht übernehmen würde, weil z.B.

* sich der Unfall unter Alkoholeinwirkung oder bei einem Straßenrennen ereignet hat oder
* das Fahrzeug auf einer privaten Fahrt gestohlen wurde, weil es unverschlossen abgestellt worden ist.

---

## 13.5 Umsatzsteuer: Welche Aufwendungen in die Bemessungsgrundlage einzubeziehen sind

Darf der GmbH-Gesellschafter den Firmenwagen der GmbH auch für Privatfahrten verwenden, liegt insoweit ein umsatzsteuerlicher **Leistungsaustausch** vor. Es handelt sich um einen **tauschähnlichen Umsatz** (§ 3 Abs. 12 Satz 2 UStG). Die Gegenleistung des GmbH-Gesellschafters für die Fahrzeugüberlassung besteht in der anteiligen Arbeitsleistung, die er gegenüber der GmbH erbringt. Wenn die GmbH das Fahrzeug ihrem Gesellschafter also für einen längeren Zeitraum und nicht nur gelegentlich zur Privatnutzung überlässt, liegt ein umsatzsteuerpflichtiger Vorgang vor.

Als **Bemessungsgrundlage** ist bei einer entgeltlichen Fahrzeugüberlassung zu Privatzwecken des Personals der Wert der Arbeitsleistung anzusetzen, der nicht durch den Barlohn abgegolten ist (§ 10 Abs. 2 Satz 2 UStG in Verbindung mit § 10 Abs. 1 Satz 1 UStG). Da der Wert der Arbeitsleistung, der nicht durch den Barlohn abgegolten ist, nur schwer ermittelt werden kann, sind die **anteiligen Gesamtkosten des Fahrzeugs** anzusetzen, die auf die private Nutzung durch den Arbeitnehmer entfallen. Die Bemessungsgrundlage ist ggf. zu schätzen. Es handelt sich insgesamt um eine entgeltliche sonstige Leistung, bei der die **Kosten ohne Vorsteuerabzug** nicht herausgerechnet werden dürfen.

Die umsatzsteuerlichen Werte weichen grundsätzlich von den Werten ab, die für Lohnsteuerzwecke anzusetzen sind (§ 10 Abs. 4 UStG). Aus Vereinfachungsgründen ist es jedoch nicht zu beanstanden, wenn für die umsatzsteuerrechtliche Bemessungsgrundlage von den pauschalen lohnsteuerrechtlichen Werten ausgegangen wird (Abschn. 1.8. Abs. 8 UStAE). Diese Werte sind dann als Bruttowerte anzusehen, aus denen zur Ermittlung der Bemessungsgrundlage die Umsatzsteuer herauszurechnen ist.

## 13.5.1 Besteuerung auf der Grundlage der 1%-Regelung

Die Finanzverwaltung lässt es also zu, dass die GmbH den **pauschalen** lohnsteuerlichen Wert nach der 1%-Regelung aus Vereinfachungsgründen auch bei der Umsatzsteuer zugrunde legen kann. Bei diesem Wert handelt es sich um einen **Bruttowert**, aus dem die Umsatzsteuer herausgerechnet wird (Abschn. 1.8. Abs. 8 UStAE).

**Praxis-Beispiel (Umsatzsteuer bei der 1%-Regelung):**
Eine GmbH hat ihrem Gesellschafter, der einen doppelten Haushalt führt, einen Firmenwagen mit einem Bruttolistenpreis von 30.000 € überlassen. Das Fahrzeug nutzt er im gesamten Jahr 2014 für Privatfahrten, für Fahrten zur 10 km entfernten Arbeitsstätte und für 20 Familienheimfahrten zum 150 km entfernten Wohnsitz der Familie. Während einer Privatfahrt hat sich ein Unfall ereignet. Die Reparaturkosten von 3.000 € zuzüglich 357 € hat der Arbeitgeber übernommen. Er hat die 357 € Umsatzsteuer in voller Höhe als Vorsteuer abgezogen. Die Vollkaskoversicherung hat die Netto-Reparaturkosten von (3.000 € – 600 € Eigenanteil =) 2.400 € erstattet.

Die Umsatzsteuer für die Firmenwagenüberlassung an den GmbH-Gesellschafter ermittelt die GmbH nach den pauschalen lohnsteuerlichen Werten wie folgt:

| | |
|---|---:|
| Privatnutzung: 30.000 € x 1% x 12 Monate | 3.600,00 € |
| Für Fahrten zwischen Wohnung und Arbeitsstätte | |
| 30.000 € x 0,03% x 10 km x 12 Monate = | 1.080,00 € |
| Familienheimfahrten: | |
| 30.000 € x 0,002% x 150 km x 20 Fahrten = | 1.800,00 € |
| Bruttowert der sonstigen Leistung an den Arbeitnehmer = | 6.480,00 € |
| Darin enthaltene Umsatzsteuer (19/119 von 6.480 €) | 1.034,62 € |
| Bemessungsgrundlage (Nettobetrag) = | 5.445,38 € |

**SKR 03/SKR 04**

| 4120/ 6020 | Gehälter | 6.480 € | an | 8611/ 4947 | Verrechnete sonstige Sachbezüge 19% USt (z.B. Kfz-Gestellung) | 5.445,38 € |
|---|---|---|---|---|---|---|
| | | | | 1776/ 3806 | Umsatzsteuer 19% | 1.034,62 € |

Die Unfallkosten werden bei der Ermittlung der Umsatzsteuer nicht einbezogen, weil in dieser Situation die Unfallkosten bei der Ermittlung des pauschalen lohnsteuerlichen Werts nicht einbezogen werden.

Bei der Lohnsteuer wird der Verzicht des Arbeitgebers auf Schadenersatzanspruch nach einem Unfall nur in Ausnahmefällen als Arbeitslohn erfasst. Das muss dann auch bei der Übernahme der Werte für Zwecke der Umsatzsteuer gelten. Ereignet sich der Unfall auf einer Fahrt unter Alkoholeinfluss, werden die Reparaturkosten umsatzsteuerlich nicht insgesamt der privaten Nutzung zugeordnet, sondern nur anteilmäßig entsprechend dem Umfang der privaten Nutzung (BFH-Urteil vom 28.06.1995, XI R 66/94). Das heißt, die Unfallkosten werden nicht insgesamt als Wertabgabe an den Arbeitnehmer erfasst. Deshalb besteht auch keine Veranlassung, den Verzicht des Arbeitgebers auf Schadenersatzanspruch zusätzlich als eigenständigen Vorgang (Leistungsaustausch) bei der Umsatzsteuer zu versteuern.

## 13.5.2 Besteuerung auf der Grundlage der Fahrtenbuchregelung

Wenn der GmbH-Geschäftsführer ein **ordnungsgemäßes** Fahrtenbuch führt, das die GmbH bei der Lohnabrechnung berücksichtigt, dann werden die Gesamtkosten nach den Nutzungsverhältnissen aufgeteilt, die sich aufgrund des Fahrtenbuchs ergeben. Aus den Gesamtkosten dürfen keine Kosten herausgenommen werden, bei denen ein Vorsteuerabzug nicht möglich ist.

**Praxis-Beispiel (Ermittlung der Umsatzsteuer bei einem Fahrtenbuch):**
Eine GmbH hat ihrem Gesellschafter einen Firmenwagen überlassen. Der GmbH-Gesellschafter führt ein ordnungsgemäßes Fahrtenbuch. Danach weist er in 2014 eine Jahresfahrleistung von 20.000 km aus (100%). An 180 Tagen im Jahr 2014 hat er das Fahrzeug für Fahrten zur 10 km entfernten Arbeitsstätte benutzt. Das sind 180 Tage x 20 km = 3.600 km (18%). Die Privatfahrten des Arbeitnehmers belaufen sich auf insgesamt 3.400 km (17%).

Während einer Privatfahrt hat sich ein Unfall ereignet. Die Reparaturkosten von 3.000 € zuzüglich 357 € hat der Arbeitgeber übernommen. Er hat die 357 € Umsatzsteuer in voller Höhe als Vorsteuer abgezogen. Die Vollkaskoversicherung hat die Netto-Reparaturkosten von (3.000 € – 600 € Eigenanteil =) 2.400 € erstattet.

Die gesamten Kraftfahrzeugkosten (Nettoaufwendungen einschließlich Abschreibung ohne Unfallkosten) betragen 9.000 €. Für die umsatzsteuerliche Bemessungsgrundlage ist somit von einem Betrag von (9.000 € + 3.000 € - 2.400 € =) 9.600 € auszugehen. Beim privaten Nutzungsanteil für Zwecke der Umsatzsteuer ist von 9.600 € x 35% = 3.360 € auszugehen. Die Umsatzsteuer beträgt 19% von 3.360 € = 638,40 €. Die GmbH muss als Arbeitslohn (Sachbezug) bei ihrem Gesellschafter den Bruttobetrag von (3.360 € + 638,40 € =) 3.998,40 € erfassen, für den auch Lohnsteuer und Sozialversicherungsbeiträge anfallen.

**SKR 03/SKR 04**

| 4120/ 6020 | Gehälter | 3.998,40 € | an | 8611/ 4947 | Verrechnete sonstige Sachbezüge 19% USt (z.B. Kfz-Gestellung) | 3.360,00 € |
|---|---|---|---|---|---|---|
| | | | | 1776/ 3806 | Umsatzsteuer 19% | 638,40 € |

# 13.5.3 Schätzung der Bemessungsgrundlage aufgrund der Gegenleistung

Die längerfristige Überlassung eines Firmenwagens zur privaten Nutzung an den GmbH-Gesellschafter ist als entgeltlicher Vorgang einzustufen. Es handelt sich um einen tauschähnlichen Umsatz, bei dem der Arbeitslohn, der nicht durch den Barlohn abgegolten wurde, die Bemessungsgrundlage ist.

Die GmbH kann den Wert anhand der Gesamtkosten für die Überlassung des Fahrzeugs schätzen. Aus den Gesamtkosten dürfen keine Kosten ausgeschieden werden, bei denen ein Vorsteuerabzug nicht möglich ist. Der so ermittelte Wert ist ein Nettowert, bei dem die Umsatzsteuer mit dem allgemeinen Steuersatz von 19% hinzuzurechnen ist.

**Hinweis:** Eine Besteuerung auf der Grundlage einer Kostenschätzung birgt immer Unsicherheiten in sich, sodass der Arbeitgeber diese Variante möglichst meiden sollte.

**Übersicht: Umsatzsteuerliche Behandlung von Unfallkosten**

| Unfall eines Arbeitnehmers mit dem Firmenwagen (umsatzsteuerliche Behandlung) |
| --- |

↓

| **Vorsteuer:**<br>Die Vorsteuer ist immer in voller Höhe abziehbar, wenn das Fahrzeug zum umsatzsteuerlichen Unternehmen gehört. Für den Vorsteuerabzug spielt es keine Rolle, ob sich der Unfall während einer betrieblichen oder privaten Fahrt ereignet hat. |
| --- |

↓

| **Kosten eines Unfalls/Privatnutzung:**<br>Da der Unternehmer die Vorsteuer aus den Reparaturkosten in vollem Umfang abziehen kann, sind sie in die Bemessungsgrundlage für die private Nutzung einzubeziehen. Es spielt also keine Rolle, ob sich der Unfall auf einer privaten oder beruflichen Fahrt ereignet hat. Es spielt nicht mal eine Rolle, wenn sich der Unfall auf einer Fahrt unter Alkoholeinfluss ereignet hat.<br>**Konsequenz:** Bei einem Unfall<br>• erhöht sich der Wert, der nach der 1%-Regelung ermittelt wird, nicht um die Kosten eines Unfalls,<br>• werden die Kosten des Unfalls in die Bemessungsgrundlage einbezogen, wenn die private Nutzung nach den tatsächlichen Kosten ermittelt wird. |
| --- |

# 14 Firmenwagen: Zahlungen durch den GmbH-Gesellschafter (Arbeitnehmer)

Überlässt die GmbH ihrem Gesellschafter im Rahmen eines Arbeitsverhältnisses einen Firmenwagen, ist der geldwerte Vorteil der privaten Nutzung als Arbeitslohn zu erfassen. Kosten, die der GmbH-Gesellschafter unmittelbar trägt, mindern dann den geldwerten Vorteil, wenn es sich um ein **Nutzungsentgelt** handelt und nicht um die Übernahme einzelner Kosten. Es kommt also auf die zutreffende **Abgrenzung** an.

Überlässt die GmbH ihrem Gesellschafter einen Firmen-PKW, werden die Bedingungen für die Nutzung festgelegt. Die private Nutzung kann pauschal oder nach den tatsächlichen Kosten ermittelt werden. Übernimmt der GmbH-Gesellschafter einen Teil der laufenden Kosten, z. B. die Benzinkosten, mindern diese Zahlungen nicht den geldwerten Vorteil. Da die GmbH die Kosten nicht erstattet, entsteht bei ihr kein Aufwand. Nutzungsentgelte, die der GmbH-Gesellschafter zahlt, werden lohnsteuerlich auf den privaten Nutzungswert angerechnet.

**Praxis-Beispiel (Abrechnung eines Nutzungsentgelts):**
Eine GmbH stellt ihrem Gesellschafter im Rahmen eines Arbeitsvertrags einen Firmenwagen zur Verfügung, den er auch für Privatfahrten und für Fahrten zwischen Wohnung und erster Tätigkeitsstätte nutzen kann. Für jeden privat gefahrenen Kilometer zahlt der GmbH-Gesellschafter 0,20 € an seine GmbH. Im Monat Mai 2014 zahlt der GmbH-Gesellschafter insgesamt 160 € an seine GmbH.

Der Bruttolistenpreis des Firmenwagens im Zeitpunkt der Erstzulassung beträgt 34.800 €. Der GmbH-Gesellschafter nutzt das Fahrzeug auch für Fahrten zur ersten Tätigkeitsstätte, die 8 km von seiner Wohnung entfernt liegt.

Die GmbH hat das Fahrzeug mit 100%igem Vorsteuerabzug erfasst und alle Aufwendungen einschließlich der Abschreibung als Betriebsausgaben gebucht. Da der GmbH-Gesellschafter kein Fahrtenbuch führt, ermittelt die GmbH den geldwerten Vorteil wie folgt pauschal:

| | |
|---|---:|
| Bruttolistenpreis im Zeitpunkt der Erstzulassung | 34.800,00 € |
| Privatnutzung pro Monat 1% von 34.800 € = | 348,00 € |
| Fahrten zwischen Wohnung und erster Tätigkeitsstätte pro Monat 34.800 € x 0,03% = 10,44 € x 8 km = | 83,52 € |
| als Sachbezug sind zu erfassen | 431,52 € |
| Zahlungen durch den GmbH-Gesellschafter | 160,00 € |
| geldwerter Vorteil/Arbeitslohn | 271,52 € |
| Umsatzsteuer ist herauszurechnen mit 19/119 | 43,35 € |
| Nettobetrag = Bemessungsgrundlage | 228,17 € |

**Buchungsvorschlag (Sachbezug Kfz-Nutzung)**

**SKR 03/SKR 04**

| 4152/ 6072 | Sachzuwendungen und Dienstleistungen an Arbeitnehmer | 271,52 € | an | 8611/ 4947 | Verrechnete sonstige Sachbezüge aus Kfz-Gestellung 19% USt | 228,17 € |
|---|---|---|---|---|---|---|
| | | | | 1776 3806 | Umsatzsteuer 19% | 43,35 |

**Buchungsvorschlag, wenn Nutzungsentgelt mit dem Gehalt verrechnet wird**

**SKR 03/SKR 04**

| 1381/ | Forderungen gegen | 160 € | an | 2747/ | Sonstige steuerfreie | 160 € |
|-------|-------------------|-------|----|----|---------------------|-------|
| 1307  | GmbH-Gesellschafter |       |    | 4982 | Betriebseinnahmen   |       |

**Alternativer Buchungsvorschlag, wenn Nutzungsentgelt, auf das Konto der GmbH gezahlt wird)**

**SKR 03/SKR 04**

| 1200/ | Bank | 160 € | an | 2747/ | Sonstige steuerfreie Be- | 160 € |
|-------|------|-------|----|----|-------------------------|-------|
| 1800  |      |       |    | 4982 | triebseinnahmen         |       |

# 14.1 Zahlungen für die Privatnutzung/Übernahme von Kosten durch den GmbH-Gesellschafter

Überlässt eine GmbH ihrem Gesellschafter einen Firmenwagen auch zur privaten Nutzung, muss sie den **geldwerten Vorteil für die private Nutzung** als Arbeitslohn erfassen. Dabei sind entweder

- die anteiligen tatsächlichen Kfz-Kosten oder
- pro Monat 1% des inländischen Bruttolistenpreises zuzüglich Sonderausstattung im Zeitpunkt der Erstzulassung anzusetzen.

Neben der Nutzung für private Fahrten sind ggf. auch die Aufwendungen für Fahrten zwischen Wohnung und erster Tätigkeitsstätte und für mehr als eine Familienheimfahrt pro Woche im Rahmen einer doppelten Haushaltsführung als Arbeitslohn zu erfassen.

Die **Zahlungen** oder die **Übernahme von Kosten** durch den GmbH-Gesellschafter sind steuerlich unterschiedlich zu behandeln. Es ist danach zu unterscheiden, ob der GmbH-Gesellschafter

- ein Nutzungsentgelt zahlt oder
- laufende Kfz-Kosten (z. B. Benzinkosten) selber trägt oder
- Zuzahlungen zu den Anschaffungskosten leistet.

Trägt der GmbH-Gesellschafter einen Teil der Kfz-Kosten selbst, ist wie folgt zu unterscheiden:

- Zahlt der Gesellschafter an seine GmbH **für die private Nutzung des PKW ein Entgelt**, dann mindern diese Zahlungen den Nutzungswert. Dabei spielt es keine Rolle, ob der Nutzungswert pauschal oder nach den tatsächlichen Kosten ermittelt wird.

- Trägt der Arbeitnehmer aber einen **Teil der laufenden Aufwendungen**, z. B. die Kosten für Benzin oder eine Garage, darf der pauschale Nutzungswert insoweit nicht gekürzt werden. Das gilt auch dann, wenn der PKW beschriftet ist oder ein privater Zweitwagen zur Verfügung steht. Die Kosten, die der GmbH-Gesellschafter übernimmt, wirken sich nur dann aus, wenn die private Nutzung mithilfe eines Fahrtenbuchs ermittelt wird.

- **Zuschüsse des Arbeitnehmers zu den Anschaffungskosten** können vollständig (im Jahr der Anschaffung und in den Folgejahren) auf den privaten Nutzungswert angerechnet werden (BMF-Schreiben vom 6.2.2009, R 8.1. Abs. 9, 10 LStR). Bei der Fahrtenbuchmethode ist dies jedoch nur möglich, wenn die Abschreibung von den ungekürzten Anschaffungskosten berechnet worden ist.

Das BMF hat im Schreiben vom 19.4.2013 (IV C 5 - S 2334/11/10004; 2013/0356498) dazu Stellung genommen, wie die Aufwendungen des Arbeitnehmers im Zusammenhang mit der Überlassung eines Firmenwagens zu behandeln sind. Wie die Zuzahlungen zu den Anschaffungskosten zu behandeln sind, ergibt sich aus R 8.1. Abs. 9, 10 LStR.

**Nutzungsentgelt:** Zahlt der GmbH-Gesellschafter an seine GmbH ein **Nutzungsentgelt** für die außerdienstliche Nutzung eines betrieblichen Kraftfahrzeugs (Nutzung für private Fahrten, für Fahrten zwischen Wohnung und erster Tätigkeitsstätte und für Heimfahrten im Rahmen einer doppelten Haushaltsführung), mindert dieses Nutzungsentgelt den Nutzungswert, der gemäß R 8.1 Abs. 9 Nr. 4 LStR anzusetzen ist. Das gilt auch dann, wenn die Zahlung des GmbH-Gesellschafters auf Weisung der GmbH an einen Dritten zur Erfüllung einer GmbH-Verpflichtung erfolgt (abgekürzter Zahlungsweg).

Es ist gleichgültig, ob das **Nutzungsentgelt** pauschal oder entsprechend der tatsächlichen Nutzung des Kraftfahrzeugs bemessen wird (R 8.1 Abs. 9 Nr. 4 LStR). Nutzungsentgelt in diesem Sinne ist ein arbeitsvertraglich oder aufgrund einer anderen arbeits- oder dienstrechtlichen Rechtsgrundlage

- vereinbarter nutzungsunabhängiger pauschaler Betrag (z. B. eine Monatspauschale),
- vereinbarter Betrag, der sich an den gefahrenen Kilometern ausrichtet (z. B. eine Kilometerpauschale) oder
- vom GmbH-Gesellschafter übernommene Leasingraten.

Die vollständige oder teilweise Übernahme einzelner Kraftfahrzeugkosten (z. B. Treibstoffkosten, Versicherungsbeiträge, Wagenwäsche) durch den GmbH-Gesellschafter ist **kein Nutzungsentgelt**, das nach der tatsächlichen Nutzung bemessen wird (R 8.1 Abs. 9 Nr. 1 LStR). Dies gilt auch für einzelne Kraftfahrzeugkosten, die zunächst von der GmbH verauslagt und anschließend dem Gesellschafter **weiterbelastet** werden oder, wenn der GmbH-Gesellschafter zunächst pauschale Abschlagszahlungen leistet, die zu einem späteren Zeitpunkt nach den tatsächlich entstandenen Kraftfahrzeugkosten abgerechnet werden.

Es handelt sich nur dann um ein Nutzungsentgelt, das den Nutzungswert mindert, wenn es arbeitsvertraglich oder aufgrund einer anderen arbeits- oder dienstrechtlichen Grundlage für die Gestellung des betrieblichen Kraftfahrzeugs vereinbart worden ist. Es darf **nicht die Weiterbelastung einzelner Kraftfahrzeugkosten** vereinbart werden. Wie die GmbH das pauschale Nutzungsentgelt kalkuliert, ist dagegen unerheblich.

In Höhe des Nutzungsentgelts ist der GmbH-Gesellschafter nicht bereichert und die gesetzlichen Voraussetzungen des § 8 Abs. 1 EStG in Verbindung mit § 19 Abs. 1 EStG sind nicht erfüllt. Sollte das Nutzungsentgelt im Einzelfall den Nutzungswert übersteigen, führt der übersteigende Betrag weder zu negativem Arbeitslohn noch zu Werbungskosten.

## 14.2 Anrechnung des Nutzungsentgelts bei der pauschalen Nutzungswertmethode (1%- und 0,03%-Regelung)

Der geldwerte Vorteil aus der Gestellung eines Dienstwagens ist monatlich pauschal mit 1% des inländischen Listenpreises im Zeitpunkt der Erstzulassung zuzüglich der Kosten für Sonderausstattungen einschließlich der Umsatzsteuer zu bewerten (§ 8 Abs. 2 Satz 2 in Verbindung mit § 6 Abs. 1 Nr. 4 Satz 2 EStG). Bei Anwendung der 1%-Regelung ist der geldwerte Vorteil grundsätzlich um monatlich 0,03 % des Listenpreises für jeden Entfernungskilometer zwischen Wohnung und erster Tätigkeitsstätte zu erhöhen, wenn der GmbH-Gesellschafter als Arbeitnehmer das Fahrzeug auch für Fahrten zwischen Wohnung und erster Tätigkeitsstätte nutzen kann (§ 8 Abs. 2 Satz 3 EStG). Der pauschale Nutzungswert darf nicht höher sein als die Gesamtkosten (Kostendeckelung).

**Grundlage der nachfolgenden Beispiele 1 - 3:**
Die GmbH hat ihrem GmbH-Gesellschafter einen Firmenwagen (Bruttolistenpreis 30.000 €) überlassen, den er auch privat nutzen darf. Den geldwerten Vorteil aus der Überlassung des Firmenwagens bewertet die GmbH nach der 1%-Methode.

**Praxis-Beispiel (1):**

In der Vereinbarung zur Nutzungsüberlassung ist geregelt, dass der GmbH-Gesellschafter ein Nutzungsentgelt in Höhe von 0,20 € für jeden privat gefahrenen Kilometer zu zahlen hat. Für den Monat Mai 2014 muss der Arbeitnehmer 96 € zahlen (Verrechnung mit dem Arbeitslohn).

**Konsequenz:** Es handelt sich um ein pauschales Nutzungsentgelt. Der pauschale Nutzungswert ist um dieses Nutzungsentgelt zu kürzen.

| | |
|---|---:|
| Privatnutzung pro Monat 1% von 30.000 € = | 300,00 € |
| Nutzungsentgelt: Zahlungen durch den GmbH-Gesellschafter | 96,00 € |
| geldwerter Vorteil/Arbeitslohn | 204,00 € |
| Umsatzsteuer ist herauszurechnen mit 19/119 | 32,57 € |
| Nettobetrag = Bemessungsgrundlage | 171,43 € |

**Buchungsvorschlag (Sachbezug Kfz-Nutzung)**

**SKR 03/SKR 04**

| 4152/ 6072 | Sachzuwendungen und Dienstleistungen an Arbeitnehmer | 204,00 € | an | 8611/ 4947 | Verrechnete sonstige Sachbezüge aus Kfz-Gestellung 19% USt | 171,43 € |
|---|---|---|---|---|---|---|
| | | | | 1776/ 3806 | Umsatzsteuer 19% | 32,57 € |

**Buchungsvorschlag (Nutzungsentgelt, Verrechnung mit dem Gehalt)**

**SKR 03/SKR 04**

| 1381/ 1307 | Forderungen gegen GmbH-Gesellschafter | 96,00 € | an | 2705/ 4835 | Sonstige betriebliche und regelmäßige Erträge | 80,67 € |
|---|---|---|---|---|---|---|
| | | | | 1776/ 3806 | Umsatzsteuer 19% | 15,33 € |

**Praxis-Beispiel (2):**

Der GmbH-Gesellschafter kann das Kraftfahrzeug mittels einer Tankkarte der GmbH betanken. In der Nutzungsüberlassungsvereinbarung ist geregelt, dass der Gesellschafter ein Entgelt in Höhe der privat veranlassten Treibstoffkosten zu zahlen hat. Von den Benzinkosten von insgesamt 384 € hat die GmbH einen Betrag von 136 € für Benzinkosten ermittelt, die auf die privaten Fahrten entfallen. Der Betrag wird vom Gehalt des Folgemonats einbehalten.

**Konsequenz:** Die nachträgliche Kostenübernahme durch den GmbH-Gesellschafter Arbeitnehmer ist **kein** Nutzungsentgelt. Aus den übernommenen Treibstoffkosten wird nicht dadurch ein Nutzungsentgelt, dass der GmbH-Gesellschafter zunächst auf Kosten des Arbeitgebers tanken kann und erst anschließend die Treibstoffkosten ersetzen muss. Die Benzinkosten, die der GmbH-Gesellschafter übernimmt, wirken sich bei ihm nicht aus.

| | |
|---|---|
| Benzinkosten im Mai 2014 (Tankkarte) insgesamt | 384,00 € |
| davon entfallen auf Privatfahrten | 136,00 € |
| Benzinkosten für betriebliche Fahrten | 248,00 € |
| darin enthaltende Umsatzsteuer (Vorsteuer) | 39,60 € |
| Nettobetrag | 208,40 € |

### Buchungsvorschlag (Buchung der Benzinkosten)

**SKR 03/SKR 04**

| 1381/ 1307 | Forderungen gegen GmbH-Gesellschafter | 136,00 € | | | | |
|---|---|---|---|---|---|---|
| 4530/ 6530 | Laufende Kfz-Betriebskosten | 208,40 € | | | | |
| 1576/ 1406 | Abziehbare Vorsteuer 19% | 39,60 € | an | 1200/ 1800 | Bank | 384,00 € |

### Buchungsvorschlag (ungekürzter Sachbezug für Kfz-Nutzung)

**SKR 03/SKR 04**

| 4152/ 6072 | Sachzuwendungen und Dienstleistungen an Arbeitnehmer | 300,00 € | an | 8611/ 4947 | Verrechnete sonstige Sachbezüge aus Kfz-Gestellung 19% USt | 252,10 € |
|---|---|---|---|---|---|---|
| | | | | 1776/ 3806 | Umsatzsteuer 19% | 47,90 € |

### Praxis-Beispiel (3):

In der Nutzungsüberlassungsvereinbarung ist geregelt, dass der GmbH-Gesellschafter ein Entgelt zu zahlen hat, das sich aus einer Monatspauschale in Höhe von 200 € und privat veranlassten Benzinkosten zusammensetzt.

**Konsequenz:** Es handelt sich in Höhe der Monatspauschale von 200 € um ein Nutzungsentgelt (siehe Praxis-Beispiel 1). Die Benzinkosten, die der Arbeitnehmer übernimmt, wirken sich nicht aus (siehe Praxis-Beispiel 2).

## 14.3 Abrechnung nach den tatsächlichen Kosten mithilfe eines Fahrtenbuchs

Anstelle des pauschalen Nutzungswerts können die Kosten, die auf die außerdienstlichen Fahrten entfallen, mit den tatsächlichen Aufwendungen angesetzt werden. Diese Variante setzt voraus, dass die tatsächlichen Kraftfahrzeugkosten (Gesamtkosten), die auf diesen Firmenwagen entfallen, nachgewiesen werden. Mithilfe eines ordnungsgemäß geführten Fahrtenbuchs können dann die außerdienstlichen und die dienstlichen Fahrten aufgeteilt werden. Das heißt, die GmbH kann den Anteil an den Gesamtkosten, der auf die außerdienstliche Nutzung entfällt, konkret ermitteln (§ 8 Abs. 2 Satz 4 EStG).

Kraftfahrzeugkosten, die der GmbH-Gesellschafter von vornherein übernimmt, fließen nicht in die Gesamtkosten ein. Da bei der Fahrtenbuchmethode der prozentuale Anteil ermittelt wird, nach dem die tatsächlichen Aufwendungen aufgeteilt werden, fließen diese vom GmbH-Gesellschafter selbst getragenen individuellen Kfz-Kosten nicht ein, sodass dadurch der individuelle Nutzungswert nicht erhöht wird. Zahlt der Arbeitnehmer ein **pauschales Nutzungsentgelt**, ist der individuelle Nutzungswert um diesen Betrag zu kürzen.

**Grundlage der nachfolgenden Beispiele 4 - 6:**
Eine GmbH hat ihrem Gesellschafter im Rahmen eines Arbeitsverhältnisses einen Firmenwagen überlassen, den er auch privat nutzen darf. Da der GmbH-Gesellschafter ein Fahrtenbuch führt, bewertet die GmbH den geldwerten Vorteil aus der Überlassung des Firmenwagens nach der Fahrtenbuchmethode.

**Praxis-Beispiel (4):**
Eine GmbH hat ihrem Gesellschafter einen Firmenwagen überlassen. Insgesamt sind für das Fahrzeug im Jahr 2014 Aufwendungen (einschließlich Abschreibung) von 7.200 € entstanden. Der Arbeitnehmer führt ein Fahrtenbuch. Danach verteilen sich die Fahrten und die Aufwendungen wie folgt:

| Art der Fahrten | Aufteilung der Fahrleistung | Prozentsatz der Gesamtfahrten | Kosten-aufteilung |
|---|---|---|---|
| betriebliche Fahrten | 12.000 km | 71,43% | 5.142,96 € |
| private Fahrten | 4.800 km | 28,57% | 2.057,04 € |
| Gesamtfahrleistung in 2014 | 16.800 km | 100 % | |

In der Nutzungsüberlassungsvereinbarung ist geregelt, dass der GmbH-Gesellschafter ein Nutzungsentgelt in Höhe von 0,20 € je privat gefahrenen Kilometer zu zahlen hat. Das sind im Jahr 2014 insgesamt 960 €.

**Konsequenz:** Es handelt sich um ein Nutzungsentgelt. Der individuelle Nutzungswert ist um dieses Nutzungsentgelt zu kürzen.

| | |
|---|---:|
| Privatnutzung: 7.200 € x 28,57% = | 2.057,04 € |
| Nutzungsentgelt: Zahlungen durch den GmbH-Gesellschafter | 960,00 € |
| geldwerter Vorteil/Arbeitslohn (Nettobetrag) | 1.097,04 € |
| zuzüglich Umsatzsteuer 19% | 208,44 € |
| Bruttobetrag | 1.305,48 € |

**Buchungsvorschlag (Sachbezug Kfz-Nutzung)**

**SKR 03/SKR 04**

| 4152/ 6072 | Sachzuwendungen und Dienstleistungen an Arbeitnehmer | 1.097,04 € | an | 8611/ 4947 | Verrechnete sonstige Sachbezüge aus Kfz-Gestellung 19% USt | 921,88 € |
|---|---|---|---|---|---|---|
| | | | | 1776/ 3806 | Umsatzsteuer 19% | 175,16 € |

**Buchungsvorschlag (Nutzungsentgelt, Verrechnung mit dem Gehalt)**

**SKR 03/SKR 04**

| 1381 1307 | Forderungen gegen GmbH-Gesellschafter | 960,00 € | an | 2705/ 4835 | Sonstige betriebliche und regelmäßige Erträge | 806,72 € |
|---|---|---|---|---|---|---|
| | | | | 1776/ 3806 | Umsatzsteuer 19% | 153,28 € |

**Praxis-Beispiel (5):**
Der GmbH-Gesellschafter kann das Kraftfahrzeug mittels einer Tankkarte der GmbH betanken. In der Nutzungsüberlassungsvereinbarung ist geregelt, dass der GmbH-Gesellschafter ein Entgelt in Höhe der privat veranlassten Treibstoffkosten zu zahlen hat. Von den Benzinkosten von insgesamt 3.840 € hat die GmbH einen Betrag von 1.360 € für Benzinkosten ermittelt, die auf die privaten Fahrten entfallen. Der Betrag wird vom Gehalt einbehalten.

**Konsequenz:** Die vom GmbH-Gesellschafter selbst getragenen Treibstoffkosten fließen nicht in die Gesamtkosten des Kraftfahrzeugs ein. Anhand der (niedrigeren) Gesamtkosten ist der individuelle Nutzungswert zu ermitteln. Es handelt sich aber nicht um ein Nutzungsentgelt.

Insgesamt sind für das Fahrzeug im Jahr 2014 Aufwendungen (einschließlich Abschreibung) von (7.200 € - 1.360 € =) 5.840 € entstanden. Der GmbH-Gesellschafter führt ein Fahrtenbuch. Danach verteilen sich die Fahrten und die Aufwendungen wie folgt:

| Art der Fahrten | Aufteilung der Fahrleistung | Prozentsatz der Gesamtfahrten | Kostenaufteilung |
|---|---|---|---|
| betriebliche Fahrten | 12.000 km | 71,43% | 4.171,51 € |
| private Fahrten | 4.800 km | 28,57% | 1.668,49 € |
| Gesamtfahrleistung in 2014 | 16.800 km | 100,00% | 5.840,00 € |

**Buchungsvorschlag (Sachbezug für Kfz-Nutzung mithilfe eines Fahrtenbuchs)**

**SKR 03/SKR 04**

| 4152/ 6072 | Sachzuwendungen und Dienstleistungen an Arbeitnehmer | 1.668,49 € | an | 8611/ 4947 | Verrechnete sonstige Sachbezüge aus Kfz-Gestellung 19% USt | 1.402,09 € |
|---|---|---|---|---|---|---|
| | | | | 1776/ 3806 | Umsatzsteuer 19% | 266,40 € |

Wie die Benzinkosten, die mittels einer Tankkarte des Arbeitgebers bezahlt werden, abzurechnen und zu buchen sind ergibt sich aus dem Praxis-Beispiel 2.

**Praxis-Beispiel (6):**
Sachverhalt wie im Praxis-Beispiel 5. In der Nutzungsüberlassungsvereinbarung ist geregelt, dass der GmbH-Gesellschafter neben der Übernahme der Benzinkosten ein Nutzungsentgelt in Höhe von 0,10 Euro je privat gefahrenen Kilometer zu zahlen hat.

**Konsequenz:** Die vom GmbH-Gesellschafter selbst getragenen Treibstoffkosten fließen nicht in die Gesamtkosten des Kraftfahrzeugs ein. Anhand der (niedrigeren) Gesamtkosten ist der individuelle Nutzungswert zu ermitteln. Das zusätzlich gezahlte Nutzungsentgelt mindert den individuellen Nutzungswert.

---

**Praxis-Tipp**

Wichtig ist, dass der GmbH-Gesellschafter sein Fahrtenbuch ordnungsgemäß führt. Sollte das Finanzamt das Fahrtenbuch nicht anerkennen, wird automatisch die 1%-Methode angewendet. Die GmbH haftet dann für die Steuern, die zusätzlich anfallen. Im Zweifel sollte die 1%-Methode den Vorrang haben, weil diese immer vom Finanzamt akzeptiert wird.

---

## 14.4 Zuzahlungen des GmbH-Gesellschafters zu den Anschaffungskosten des Firmen-PKW

Wenn eine GmbH ein Anlagegut mit öffentlichen oder privaten Zuschüssen anschafft, hat sie nach R 6.5 Abs. 2 EStR ein Wahlrecht. Die GmbH kann die Zuschüsse

- als Betriebseinnahmen ansetzen (= außerordentliche Erträge) oder
- erfolgsneutral verbuchen, indem sie als Arbeitgeber die Anschaffungskosten nur mit dem Betrag ansetzt, den sie selbst gezahlt hat. Das bedeutet, die Anschaffungskosten müssen um den Zuschuss gekürzt werden.

### 14.4.1 Vorsteuerabzug aus dem Anschaffungsvorgang

Hat eine GmbH mehrere Gesellschafter/Geschäftsführer, kann es zweckmäßig sein, wenn die GmbH allen Gesellschaftern ein gleichwertiges Fahrzeug zur Verfügung stellt. Vor diesem Hintergrund kann die GmbH als Arbeitgeber dann mit den GmbH-Gesellschaftern als Nutzer der Firmenfahrzeuge vereinbaren, dass die Anschaffungskosten eine festgelegte Obergrenze nicht überschreiten. Den Teil der Anschaffungskosten, der diesen Wert bzw. diese Grenze überschreitet, muss dann der jeweilige GmbH-Gesellschafter als Arbeitnehmer im Innenverhältnis tragen.

Bestellt nun die GmbH auf Wunsch ihres Gesellschafters ein höherwertiges Fahrzeug im eigenen Namen, dann ist die GmbH Leistungsempfänger der späteren Lieferung. Das bedeutet, die GmbH kann die gesamte Vorsteuer geltend machen. **Achtung:** Wenn jedoch der GmbH-Gesellschafter selbst im eigenen Namen die Sonderausstattungen für das Fahrzeug erwirbt und insoweit als Leistungsempfänger anzusehen ist, scheidet der Vorsteuerabzug bei der GmbH insoweit aus.

**Praxis-Beispiel (Zuzahlung zu den Anschaffungskosten):**
Die GmbH stellt ihrem Gesellschafter im Rahmen eines Arbeitsverhältnisses einen Firmen-PKW zur Verfügung, den er auch privat nutzen darf. Der GmbH-Gesellschafter darf sich einen VW aussuchen, wobei er die Grenze von 34.000 €

netto ohne Umsatzsteuer nicht überschreiten darf. Der GmbH-Gesellschafter möchte eine bessere Ausstattungsvariante, die um 3.500 € teurer ist. Er erklärt sich daher bereit, diesen Betrag von 3.500 € selbst zu übernehmen.

Die GmbH kauft im Oktober 2014 einen VW-Passat für 44.625 € (34.000 € + 3.500 € + 7.125 € Umsatzsteuer). Die Rechnung lautet auf den Namen der GmbH, sodass sie die Umsatzsteuer von 7.125 € als Vorsteuer abziehen kann. Der GmbH-Gesellschafter zahlt der GmbH den Betrag von 3.500 €.

**Buchungsvorschlag (Anschaffung)**

**SKR 03/SKR 04**

| 0320/ 0520 | PKW | 37.500 € | | | | |
|---|---|---|---|---|---|---|
| 1576/ 1406 | Abziehbare Vor- steuer 19% | 7.125 € | an | 1200/ 1800 | Bank | 44.625 € |

| 1200/ 1800 | Bank | 3.500 € | an | 0320/ 0520 | PKW | 3.500 € |
|---|---|---|---|---|---|---|

oder

| 1200/ 1800 | Bank | 3.500 € | an | 2500/ 7400 | Außerordentliche Erträge | 3.500 € |
|---|---|---|---|---|---|---|

---

**Praxis-Tipp**

Die gesamte Abwicklung sollte über die GmbH erfolgen. Der Händler stellt der GmbH die gesamten Kosten in Rechnung, sodass sie auch den vollen Vorsteuerabzug hat. Denn die Umsatzsteuer, die dem GmbH-Gesellschafter in Rechnung gestellt wird, kann die GmbH nicht als Vorsteuer abziehen. Außerdem mindert nur die Zuzahlung den lohnsteuerpflichtigen Sachbezug, die der Gesellschafter an den Arbeitgeber leistet.

---

## 14.4.2  Ermittlung des geldwerten Vorteils bei der Lohnsteuer

Nach R 8.1 Abs. 9 LStR kann die GmbH den privaten Nutzungswert mit monatlich 1% des inländischen Bruttolistenpreises zuzüglich Sonderausstattung im Zeitpunkt der Erstzulassung ansetzen. Für Fahrten zwischen Wohnung und Arbeitsstätte werden zusätzlich 0,03% vom inländischen Bruttolistenpreis je Entfernungskilometer angesetzt.

Wird die private Nutzung mithilfe der 1%-Methode ermittelt, müssen auch die Mehrkosten bzw. die Sonderausstattungen einbezogen werden, die der GmbH-Gesellschafter selbst zahlt. Dafür können bei der Ermittlung des geldwerten Vorteils die Zuzahlungen des GmbH-Gesellschafters von den Anschaffungskosten des Firmen-PKW abgezogen werden. Diese Zuzahlungen werden im Anschaffungsjahr und den folgenden Jahren auf den geldwerten Vorteil angerechnet (R 8.1. Abs. 9 Nr. 4 LStR).

### 14.4.3 Ermittlung der Bemessungsgrundlage bei der Umsatzsteuer

Wendet die GmbH als Arbeitgeber bei der Ermittlung der Umsatzsteuer die pauschale 1%-Methode an, rechnet die GmbH anders als bei der Ermittlung des geldwerten Vorteils bei der Lohnsteuer. Die GmbH legt den tatsächlichen Bruttolistenpreis einschließlich aller Sonderausstattungen zugrunde (einschließlich der Sonderausstattungen, die auf Wunsch des GmbH-Gesellschafters geliefert wurden). Anders als bei der Lohnsteuer bleiben die vom GmbH-Gesellschafter selbst erworbenen Sonderausstattungen bei der Ermittlung des Listenpreises außer Betracht, z. B. die unmittelbare Zahlung des GmbH-Gesellschafters für eine hochwertige Musikanlage.

Die Zuzahlung des GmbH-Gesellschafters an die GmbH wird nicht als Entgelt behandelt, das der Umsatzsteuer unterliegt. Die Zuzahlung mindert deshalb auch nicht die umsatzsteuerliche Bemessungsgrundlage, und zwar auch dann nicht, wenn diese lohnsteuerlich auf den privaten Nutzungswert (geldwerten Vorteil) angerechnet wird.

**Praxis-Beispiel (Berechnung des geldwerten Vorteils und der Umsatzsteuer)**
Eine GmbH stellt ihrem Gesellschafter einen Firmen-PKW zur Verfügung, wobei die Grenze von 30.000 € netto ohne Umsatzsteuer nicht überschritten werden soll. Der GmbH-Gesellschafter entscheidet sich jedoch für eine bessere Ausstattungsvariante, die um 3.000 € teurer ist. Er übernimmt diesen Betrag von 3.000 € selbst.

Die GmbH kauft im Oktober 2014 einen VW-Passat für 39.270 € (33.000 € + 6.270 € Umsatzsteuer). Die Rechnung lautet auf den Namen der GmbH, so dass sie die Umsatzsteuer von 6.270 € als Vorsteuer abziehen kann. Der

GmbH-Gesellschafter zahlt an die GmbH 3.000 € (ggf. als Verrechnung mit dem Arbeitslohn).

Der geldwerte Vorteil für das Jahr 2014 ist wie folgt zu ermitteln:

| | |
|---|---:|
| Bruttolistenpreis = 39.200 € x 1% für 3 Monate = | 1.176 € |
| Zuzahlung des GmbH-Gesellschafters 3.000 €, anzurechnen in 2014 | 1.176 € |
| = lohnsteuerpflichtiger Sachbezug im Jahr 2014 | 0 € |

Bei der Lohnsteuer beträgt der Sachbezug 0 €. Umsatzsteuer fällt jedoch an. Diese rechnet die GmbH aus dem Betrag von 1.176 € wie folgt heraus: 1.176 € x 19/119 = 187,77 €

**Buchungsvorschlag (nur für umsatzsteuerliche Zwecke):**

**SKR 03/SKR 04**

| 4140/<br>6130 | Freiwillige soziale<br>Aufwendungen,<br>lohnsteuerfrei | 1.176 € | an | 8611/<br>4947 | Verrechnete<br>sonstige Sachbe-<br>züge 19% USt | 988,23 € |
|---|---|---|---|---|---|---|
| | | | | 1776/<br>3806 | Umsatzsteuer<br>19% | 187,77 € |

Es verbleibt ein Überschuss, der im Jahr 2015 wie folgt auf den geldwerten Vorteil angerechnet werden kann:

| | |
|---|---:|
| Bruttolistenpreis = 39.200 € x 1% für 12 Monate = | 4.704 € |
| Zuzahlung des GmbH-Gesellschafter (3.000 € − 1.176 € =) | 1.824 € |
| = lohnsteuerpflichtiger Sachbezug im Jahr 2015 | 2.880 € |

Bei der Lohnsteuer beträgt der Sachbezug 2.880 €. Umsatzsteuer fällt jedoch für den gesamten Betrag an. Diese rechnet die GmbH aus dem Betrag von 4.704 € wie folgt heraus (4.704 € x 19/119 = 751,06 €). Um den geldwerten Vorteil und die Umsatzsteuer zutreffend buchen zu können, muss der Betrag von 4.704 € aufgeteilt werden:

2.880 € = Freiwillige soziale Aufwendungen, lohnsteuerpflichtig
(Umsatzsteuer ist mit 751,06 € herauszurechnen)
1.824 € = Freiwillige soziale Aufwendungen, lohnsteuerfrei
4.704 € = Bruttobetrag

**SKR 03/SKR 04**

| 4140/ 6130 | Freiwillige soziale Aufwendungen, lohnsteuerfrei | 1.824 € | | | | |
|---|---|---|---|---|---|---|
| 4145/ 6060 | Freiwillige soziale Aufwendungen, lohnsteuerpflichtig | 2.880 € | an | 8611/ 4947 | Verrechnete sonstige Sachbezüge 19% USt | 3.952,94 € |
| | | | | 1776/ 3806 | Umsatzsteuer 19% | 751,06 € |

## 14.4.4 Unentgeltliche Fahrzeugüberlassung

Von einer unentgeltlichen Überlassung von Fahrzeugen an den Gesellschafter im Sinne des § 3 Abs. 9a Nr. 1 UStG kann nach dem BMF-Schreiben vom 27.8.2004 ausnahmsweise ausgegangen werden, wenn die vereinbarte private Nutzung des Fahrzeugs derart gering ist, dass sie für die Gehaltsbemessung keine wirtschaftliche Rolle spielt, und nach den objektiven Gegebenheiten eine weitergehende private Nutzungsmöglichkeit ausscheidet. Danach kann Unentgeltlichkeit nur angenommen werden, wenn dem GmbH-Gesellschafter das Fahrzeug aus besonderem Anlass oder zu einem besonderen Zweck nur gelegentlich (von Fall zu Fall) an **nicht mehr als fünf Kalendertagen im Kalendermonat für private Zwecke** überlassen wird.

# 15 Fahrtenbuch

Jeder weiß, wie mühsam es ist, ein Fahrtenbuch zu führen, weil alle Fahrten zeitnah aufgezeichnet werden müssen. Damit diese Mühe nicht vergebens ist, sollte das Fahrtenbuch so aussehen, dass es auch vom Finanzamt anerkannt wird. Fehler, die dazu führen, dass das Fahrtenbuch nicht mehr ordnungsgemäß ist, müssen vermieden werden

## 15.1 Nur mithilfe eines Fahrtenbuchs kann die 1%-Methode ausgeschlossen werden

Die GmbH erfasst die gesamten Kfz-Kosten als Betriebsausgaben. Aufwendungen, die auf die private Nutzung eines GmbH-Firmenwagens entfallen, müssen dem Gesellschafter als Arbeitslohn oder als verdeckte Gewinnausschüttung zugerechnet werden.

Grundsätzlich besteht die Wahlmöglichkeit zwischen Fahrtenbuch und 1%-Methode. Die Entscheidung für oder gegen ein Fahrtenbuch trifft die GmbH als Arbeitgeber in der Regel zusammen mit ihrem Gesellschafter (Arbeitnehmer)

immer für ein ganzes Kalenderjahr. Ist die 1%-Methode vorteilhafter, kann die GmbH diese auch dann anwenden, wenn der GmbH-Gesellschafter ein ordnungsgemäßes Fahrtenbuch geführt hat. Die endgültige Entscheidung wird also erst bei der letzten Lohnabrechnung eines Jahres getroffen.

---

**Praxis-Tipp**

Es ist mühsam ein Fahrtenbuch zu führen. Bevor der GmbH-Gesellschafter sich dieser Mühe unterzieht, sollte er feststellen, ob sich der Aufwand lohnt oder ob er mit der 1%-Methode besser fährt. Ein **Berechnungsschema**, das hilft, die richtige Entscheidung zu treffen, ist im Anhang unter Arbeitshilfen abgedruckt.

---

Hat die GmbH **mehrere Firmenwagen**, die von verschiedenen Arbeitnehmern auch privat genutzt werden, darf **bei jedem einzelnen Fahrzeug** gewählt werden, ob ein Fahrtenbuch geführt oder die 1%-Methode anwendet wird (BFH-Urteil vom 3.8.2000, III R 2/00).

## 15.2 Wie ein ordnungsgemäßes Fahrtenbuch aussehen muss

Nach § 6 Abs. 1 Nr. 4 EStG kann der GmbH-Gesellschafter die 1%-Methode nur vermeiden, wenn er ein Fahrtenbuch führt. Wie das Fahrtenbuch aussehen muss, ist **gesetzlich nicht geregelt**. Die **Finanzverwaltung** hat in R 8.1. Abs. 9 Nr. 2 LStR festgelegt, welche Angaben im Fahrtenbuch enthalten sein müssen, um von einem ordnungsgemäßen Fahrtenbuch ausgehen zu können. Danach ist Folgendes festzuhalten:

- Datum der Fahrt,
- Kilometerstand zu Beginn und am Ende jeder einzelnen auswärtigen Tätigkeit,
- Reiseziel und bei Umwegen auch die Reiseroute,
- Reisezweck mit Angabe der aufgesuchten Geschäftspartner,
- die Fahrten zwischen Wohnung und Betrieb sowie Familienheimfahrten (nur mit einem kurzen Vermerk) und
- die Privatfahrten, nur mit Angabe der gefahrenen Kilometer, ohne Angaben zum Reiseweg und Reisezweck.

Im Fahrtenbuch müssen also **alle Fahrten** aufgeführt werden (die betrieblichen und die privaten). Aufgrund dieser Aufzeichnungen kann dann der **Prozentsatz** der privaten Fahrten im Verhältnis zu den insgesamt gefahrenen Kilometern **ermittelt** werden. Die **Fahrten zwischen Wohnung und erster Tätigkeitsstätte** sind innerhalb des Fahrtenbuchs gesondert auszuweisen, weil diese Fahrten zusätzlich als Arbeitslohn zu erfassen sind.

> **Praxis-Tipp**
> Angaben im Fahrtenbuch zur jeweiligen Abfahrts- und Ankunftszeit sind nicht erforderlich. Nur wenn anhand des Fahrtenbuchs auch die Pauschalen für den Verpflegungsaufwand ermitteln werden sollen, sollten auch die Abfahrts- und Ankunftszeiten notiert werden.

Das Fahrtenbuch ist **ordnungsgemäß**, wenn die Eintragungen **vollständig und richtig** sind. Das Finanzamt darf allerdings **nicht zu pingelig** sein, weil **kleinere Fehler unschädlich** sind (BFH-Urteil vom 10.04.2008, VI R 38/06). In dieser Entscheidung macht der BFH deutlich, was ein Fahrtenbuch ist und worauf im Einzelnen zu achten ist:

- Das Fahrtenbuch muss **zeitnah** erstellt werden (ein nachträglich erstelltes Fahrtenbuch ist steuerlich nicht anzuerkennen).

- Es muss in **geschlossener Form** geführt werden (lose Blätter reichen nicht, es muss geheftet in Buchform vorliegen).

- Jede Fahrt ist **einzeln** zu erfassen.

- Der **Kilometerstand** ist bei Beginn und Ende der jeweiligen Fahrt anzugeben.

- **Teilabschnitte** dürfen zu **einer** Eintragung verbunden werden. Die einzelnen Kunden und Geschäftspartner sind in der Reihenfolge festzuhalten, in der sie aufgesucht wurden.

- Wird eine berufliche Fahrt **durch eine Privatfahrt** unterbrochen, z. B. am Ende eines Teilabschnitts, ist der Gesamtkilometerstand jeweils zu Beginn und am Ende der Unterbrechung auszuweisen.

- Die Aufzeichnungen müssen **in hinreichendem Maße** vollständig und richtig sein, sodass sie mit vertretbarem Aufwand auf ihre materielle Richtigkeit hin überprüft werden können.

- Ist das Fahrtenbuch **im Wesentlichen materiell richtig**, dann ist es auch ordnungsgemäß, wenn kleinere formelle Unregelmäßigkeiten vorhanden sind.

- Eine einzelne Fehleintragung bzw. **wenige Fehleintragungen** ohne größere Auswirkungen sind ohne Bedeutung. Das ist z. B. der Fall, wenn

  - die Kilometerangaben laut **Fahrtenbuch und Werkstattrechnung** nicht exakt übereinstimmen (erfahrungsgemäß sind Werkstattangaben oft ungenau),

- die Kilometerangaben nicht mit den **Daten eines Routenplaners** übereinstimmen, weil niemand verpflichtet ist, die lt. Routenplaner vorgegebene
  kürzeste Strecke zu wählen,

- vergessen wurde, eine **einzelne Fahrt**, für die eine **Tankquittung** vorhanden ist, ins Fahrtenbuch einzutragen.

---

**Praxis-Tipp**

Jeder, der ein Fahrtenbuch führt, weiß wie schnell – trotz größter Sorgfalt – Fehler unterlaufen können. Bei kleinen Fehlern muss das Finanzamt großzügig sein.
Es ist also sinnvoll, Einspruch einzulegen, wenn das Finanzamt allzu pingelig ist
und das Fahrtenbuch bereits wegen geringfügiger Mängel nicht anerkennen will.

---

## 15.3 Welche Angaben im Fahrtenbuch enthalten sein müssen

Der GmbH-Gesellschafter muss in seinem Fahrtenbuch alle Fahrten erfassen, also
nicht nur die betrieblichen, sondern auch die privat gefahrenen Kilometer. Er
muss das Datum eintragen und den Kilometerstand am Beginn und am Ende jeder
einzelnen auswärtigen Tätigkeit. Bei Fahrten zwischen Wohnung und Betrieb sowie Familienheimfahrten reicht ein kurzer Vermerk aus. Bei den Privatfahrten
brauchen nur die gefahrenen Kilometer eingetragen zu werden. Bei betrieblichen
Fahrten sind allerdings Angaben zum Reiseweg und Reisezweck erforderlich.

### 15.3.1 Angabe von Reiseziel und Reiseroute

Nach R 8.1. Abs. 9 Nr. 2 LStR ist im Fahrtenbuch das Reiseziel zu benennen. Die
Reiseroute braucht nur dann angegeben zu werden, wenn das Reiseziel **nicht auf
direktem Weg** angefahren wird. Es ist dabei aber nicht erforderlich, die gesamte
Reiseroute aufzuführen, sondern nur der Umweg, der gefahren wurde.

**Praxis-Beispiel:**

Ein GmbH-Geschäftsführer beginnt mit seiner Geschäftsreise in Bonn. Das Ziel
seiner Geschäftsreise ist die Kanalstraße 120 in Köln. Die kürzeste Strecke beträgt 48 km, hin und zurück also 96 km. Wegen einer Staumeldung fährt der
GmbH-Geschäftsführer auf dem Hinweg über die A 59. Das ist ein Umweg von
16 km. Er trägt in seinem Fahrtenbuch als Reiseziel ein: „Köln, Kanalstr. 120
(16 km Umweg über die A 59 wg. Stau)".

Wenn das Reiseziel in einer fremden Stadt liegt und der GmbH-Geschäftsführer
sich dort **verfahren** hat, setzt er hinter der Angabe zum Reiseziel einen Klammer-

zusatz ein, wie z. B. „verfahren". Es liegt allerdings **kein Umweg** vor, wenn der GmbH-Geschäftsführer auf einer Fahrt **mehrere Reiseziele** bzw. **Kunden** ansteuert. Er trägt dann alle Reiseziele und Kundennamen in sein Fahrtenbuch ein, selbst dann, wenn er die insgesamt gefahrenen Kilometer in einer Summe ausweist.

**Praxis-Beispiel:**
Der Geschäftsführer einer Finanzberatungs-GmbH sucht seine Kunden auf, weil sie es von ihm erwarten. Er versucht deshalb seine Termine so zu gestalten, dass er mehrere Termine am selben Tag nacheinander wahrnehmen kann. Er füllt sein Fahrtenbuch wir folgt aus:

| Datum | Tachostand | | gefahrene Km | | | Reiseziel | Anlass |
|---|---|---|---|---|---|---|---|
| | Start | Ziel | privat | betrieb-lich | Wohnung Betrieb | | |
| 4.3.14 | 23.220 | 23.235* | | 15 | | Augustastr. 10, Bonn | Herr Meyer, Abschluss LV |
| | 23.235 | 23.238 | | 3 | | Hauptstr. 2, Bonn | Frau Gandi, Beratung KV |
| | 23.238 | 23.254* | | 16 | | Talweg 12, Bonn | Ehel. Henrich, Ab-schluss UV |

\* hier ist die Strecke vom Büro zum Kunden bzw. zurück enthalten

In dieser Situation dürfen Erleichterungen beansprucht werden [H 8.1 (9-10) EStH]. Im Fahrtenbuch braucht nur die insgesamt zurückgelegte Strecke festgehalten zu werden. Das Fahrtenbuch ist dann wie folgt auszufüllen:

| Datum | Tachostand | | gefahrene Km | | | Reiseziel | Anlass |
|---|---|---|---|---|---|---|---|
| | Start | Ziel | privat | betrieb-lich | Wohnung Betrieb | | |
| 4.3.14 | 23.220 | | | | | Augustastr. 10, Bonn | Herr Meyer, Abschluss LV |
| | | | | | | Hauptstr. 2, Bonn | Frau Gandi, Beratung KV |
| | | 23.254 | | 34 | | Talweg 12, Bonn | Ehel. Henrich, Ab-schluss UV |

Die Angabe des Ortsnamens reicht nur dann aus, wenn es sich um einen kleinen Ort handelt. Ansonsten ist als Reiseziel der Name der Stadt, der Straßenname und ggf. die Hausnummer anzugeben. Bei Flächengemeinden oder Großstädten, wie z. B. Berlin, Köln oder München, kann es erforderlich sein, zusätzlich den Ortsteil anzugeben (z. B. weil Straßennamen mehrfach verwendet werden).

## 15.3.2 Angabe des Reisezwecks und der aufgesuchten Geschäftspartner

Das Finanzamt möchte wissen und auch kontrollieren können, ob das Reiseziel aus geschäftlichen bzw. beruflichen Gründen aufgesucht wurde. Das Finanzamt verlangt deshalb, dass die besuchten Geschäftspartner **namentlich** aufgeführt werden. Damit besteht immerhin die Möglichkeit, die Angaben zu überprüfen.

Wenn der Inhaber einer Einzelfirma aufgesucht wird, reicht der Name aus. Ansonsten ist im Fahrtenbuch neben dem Namen der Firma auch der Name des unmittelbaren Ansprechpartners aufzunehmen. Sollte es sich um mehrere Personen handeln, müssen nicht alle Namen aufgeführt werden.

**Praxis-Beispiel:**

Ein GmbH-Gesellschafter verhandelt für seine GmbH wegen der Lieferung von Baumaterial mit der Firma Fink KG. Ansprechpartner ist der Geschäftsführer (Herr Braun), der noch einige Mitarbeiter hinzugezogen hat. Im Fahrtenbuch kann das wie folgt formuliert werden:

„Fa. Fink KG, Herr Braun u. Mitarbeiter; Verhandlung wg. Lieferung von Baumaterial".

Es muss der **Reisezweck** angegeben werden. Das Finanzamt möchte möglichst **konkrete** Angaben haben. Begriffe wie Kundenpflege, Kundenbesuch und Marktinformation sieht es oft als zu allgemein an. Der GmbH-Gesellschafter sollte also dort konkrete Angaben machen, wo es möglich ist (z. B. Vertragsabschluss). Manche Kundenbesuche dienen nun einmal ausschließlich der **Kontaktpflege**. Da macht es keinen Sinn, etwas anderes ins Fahrtenbuch einzutragen.

Bei einigen Berufsgruppen ist der Reisezweck von vornherein klar. Detaillierte Ausführungen erübrigen sich dann. Das Ziel des Gesellschafters einer Versicherungsvermittlungs-GmbH ist eindeutig. Er will Versicherungen verkaufen. Die Art der Versicherung ist – bezogen auf das Fahrtenbuch – eher nebensächlich. Angaben, wie z. B. Finanzberatung, Abschluss einer Versicherung bzw. eines Bausparvertrags, reichen völlig aus.

---

**Praxis-Tipp**

Die Angaben müssen im Fahrtenbuch selbst enthalten sein (BFH-Urteil vom 16.3.2006, VI R 87/04). Es reicht nicht aus, wenn sich die Angaben aus dem parallel geführten Terminkalender ergeben. Fehlende Angaben können in der Regel **nicht** nachgetragen werden.

---

## 15.3.3 Berufsgruppen, die Erleichterungen beanspruchen dürfen

Auf einzelne Angaben im Fahrtenbuch kann verzichtet werden, soweit die betriebliche bzw. berufliche Veranlassung der Fahrten und der Umfang der Privatfahrten ausreichend dargelegt sind und die Möglichkeiten der Überprüfung nicht eingeschränkt werden.

Nach dem BMF-Schreiben vom 18.11.2009, IV C 6-S 2177/07/ 10004; 2009/ 0725394), sind z. B. folgende **berufsbedingte Erleichterungen** möglich:

- **Kundendienstmonteure, Handelsvertreter, Automatenlieferanten und ähnliche Berufsgruppen**, die regelmäßig große Strecken mit mehreren unterschiedlichen Reisezielen zurücklegen, brauchen als Reiseziel und Reisezweck nur anzugeben, welche Kunden sie an welchem Ort besucht haben.

Es müssen nur dann Angaben zu den Entfernungen zwischen den verschiedenen Orten gemacht werden, wenn zwischen direkter Entfernung und tatsächlicher Fahrtstrecke eine größere Differenz vorhanden ist.

- **Taxifahrer** brauchen bei Fahrten im sogenannten Pflichtgebiet täglich nur den Kilometerstand zu Beginn und Ende dieser Fahrten anzugeben mit der Angabe „Taxifahrten im Pflichtgebiet". Bei Fahrten, die über dieses Gebiet hinausgehen, ist die genaue Angabe des Reiseziels erforderlich.

**Hinweis:** Auch wenn das betrieblich genutzte Taxi das einzige Fahrzeug einer GmbH ist, muss der Arbeitnehmer der GmbH ohne Fahrtenbuch die 1%-Methode anwenden (Urteil des Niedersächsischen Finanzgerichts vom 30.9. 2002, 2 K 707/00). Die 1%-Methode kann also nur durch ein Fahrtenbuch oder durch ein Verbot der Privatnutzung vermieden werden.

- Bei **Fahrlehrern** reicht es aus, wenn sie als Reiseziel und Reisezweck „Lehrfahrten", „Fahrschulfahrten" oder ähnliche Begriffe verwenden.

Sucht ein GmbH-Gesellschafter regelmäßig dieselben Kunden auf, und führt er die Kunden in einem **Verzeichnis unter einer Nummer** mit Namen und Anschrift, braucht er nur diese Nummer ins Fahrtenbuch einzutragen (Rz. 28 des BMF-Schreibens vom 18.11.2009, IV C 6-S 2177/07/10004; 2009/0725394). Es reicht aus, wenn der Kunde später anhand dieser Nummer identifiziert werden kann.

**Praxis-Beispiel:**

Eine GmbH beliefert regelmäßig ihre Kunden. An einem Tag sucht der GmbH-Arbeitnehmer nacheinander mehrere Kunden auf. In dieser Situation reicht es aus, wenn er den Kilometerstand zu Beginn und Ende seiner Fahrt angibt. Als Reiseziel und Reisezweck trägt er Lieferfahrten ein und die Nummern der aufgesuchten Geschäftspartner. Das Kundenverzeichnis muss er auf Anforderung des Finanzamts dem Fahrtenbuch beifügen.

Die Finanzverwaltung lässt es jedoch zu, dass z. B. Steuerberater einer Steuerberatungs-GmbH im Fahrtenbuch als Reisezweck lediglich „Mandantenbesuch" eintragen, wenn in einem getrennten Verzeichnis die Namen der Mandanten festhalten werden (z. B. Verfügung der Oberfinanzdirektion München vom 2.1.2001, Az. S 0251–2 St 312). Es muss allerdings sichergestellt werden, dass Fahrtenbuch und Verzeichnis problemlos zusammengeführt werden können.

Der **Vorteil** der getrennten Erfassung besteht darin, dass die Namen und Anschriften nicht mehr im Fahrtenbuch auftauchen und das Finanzamt die Vorlage des Verzeichnisses nur verlangen soll, wenn tatsächliche Anhaltspunkte vorliegen, die Zweifel an der Richtigkeit und Vollständigkeit des Fahrtenbuchs begründen und die Zweifel anders nicht ausgeräumt werden können.

## 15.4 Ein Fahrtenbuch darf nicht nachträglich erstellt werden

Ein Fahrtenbuch ist nur dann ordnungsgemäß, wenn die Eintragungen **laufend und zeitnah** erfolgen (BFH-Urteil vom 21.4.2009, VIII R 66/06). Es spielt dann keine Rolle, dass das Fahrtenbuch im Übrigen nur geringfügige inhaltliche Unstimmigkeiten enthält. Stellt also das Finanzamt fest, dass ein Fahrtenbuch nachträglich erstellt worden ist, ist es nicht ordnungsgemäß. Das heißt, die 1%-Methode ist selbst dann anzuwenden, wenn das Fahrtenbuch sachlich zutreffend ist.

Eine täglich **besprochene Tonbandkassette** als Dokumentation für ein ordnungsgemäßes Fahrtenbuch reicht nicht aus. Schriftliche Fahrtenbücher könnten nicht anerkannt werden, wenn zwischen Besprechen der Tonbandkassetten und dem Erstellen der Fahrtenbücher mehr als ein Jahr liegt. D. h., das Fahrtenbuch ist dann nicht **zeitnah** erstellt worden (Urteil des Finanzgerichts Rheinland-Pfalz vom 16.03.2000, 4 K 3019/98).

---

**Praxis-Tipp**

Es sollte immer der Eindruck vermieden werden, dass das Fahrtenbuch nachträglich erstellt worden ist. Bei einem **einheitlichen Schriftbild** geht das Finanzamt regelmäßig davon aus, dass das Fahrtenbuch nachgeschrieben wurde. Wer eine Reinschrift von seinem Fahrtenbuch erstellen will, der sollte in jedem Fall seine **Ursprungsaufzeichnungen aufbewahren**.

---

## 15.5 Was ist besser: ein handschriftliches oder ein elektronisches Fahrtenbuch?

Das Finanzamt erkennt beide Formen des Fahrtenbuchs an. In beiden Fällen verlangt das Finanzamt, dass das Fahrtenbuch fortlaufend und zeitnah erstellt wird. Verwendet der GmbH-Gesellschafter einen PC, um aus dem unordentlichen handschriftlichen Fahrtenbuch eine Reinschrift zu erstellen, sollte er unbedingt das handschriftliche Fahrtenbuch als Grundlage für seine PC-Aufzeichnungen aufbewahren. Es handelt sich dann nämlich um ein beweiskräftiges handschriftliches Fahrtenbuch.

Ein elektronisches Fahrtenbuch erkennt die Finanzverwaltung an, wenn sich hieraus dieselben Erkenntnisse wie aus einem handschriftlichen Fahrtenbuch ziehen lassen. Allerdings müssen Änderungen am Computerprogramm, das für die Erstellung des Fahrtenbuchs verwendet wird, entweder technisch ausgeschlossen sein oder aber dauerhaft dokumentiert werden (BFH-Urteil vom 16.12.2005, VI R 64/04).

Komfortabel sind die elektronischen Fahrtenbücher, die automatisch die gefahrenen Strecken aufzeichnen (Fahrtenschreiber), sodass nur noch Reiseziel, Reisezweck und Gesprächspartner eingetragen werden müssen. Da Eintragungen aber auch bei einem elektronischen Fahrtenbuch unerlässlich sind, hält sich der Vereinfachungseffekt in Grenzen. Ein Fahrtenbuch in Papierform ist deutlich günstiger.

Bei einem Fahrtenbuch, das mit Excel erstellt wird, sind nachträgliche Änderungen möglich. Ein Excel-Fahrtenbuch wird daher steuerlich nicht anerkannt (BFH-Beschluss vom 26.6.2007, V B 197/05). Die Finanzverwaltung stuft Excel-Fahrtenbücher daher von vornherein als nicht ordnungsgemäß und als sachlich unrichtig ein.

### 15.6 Kontrollmöglichkeiten des Finanzamts

Es gibt keine gesetzliche Regelung, nach der man verpflichtet ist, das Fahrtenbuch unaufgefordert beim Finanzamt einzureichen. Man ist jedoch zur Vorlage des Fahrtenbuchs verpflichtet, wenn man vom Finanzamt ausdrücklich dazu aufgefordert wird. Das bedeutet, dass Finanzbeamte, insbesondere Betriebsprüfer, jederzeit die Möglichkeit haben, ein Fahrtenbuch zu überprüfen.

Das Fahrtenbuch übersteht diese Überprüfung nur, wenn es plausibel ist. Folgendes sollte beachtet werden:

- Alle **Tankquittungen** enthalten das Datum und die Anschrift der jeweiligen Tankstelle. Diese Daten sollten mit den Angaben im Fahrtenbuch übereinstimmen.
- In vielen **Werkstattrechnungen** ist neben dem Datum auch der Kilometerstand angegeben. Stimmt die Kilometerangabe nicht mit dem Fahrtenbuch überein, ist dafür eine Erklärung erforderlich. Nicht selten trägt die Werkstatt eine Phantasiezahl ein. Es sollte also darauf geachtet werden, dass der ausgewiesene Kilometerstand den tatsächlichen Verhältnissen entspricht.
- In der Regel wird der Kilometerstand auch bei der **TÜV-Abnahme** festgehalten. Dieser Kilometerstand sollte mit dem Fahrtenbuch übereinstimmen.
- Zu beachten ist auch, ob die **Häufigkeit des Tankens** mit der Strecke übereinstimmen kann, die laut Fahrtenbuch gefahren wurde. Es ist nicht glaubhaft, dass der GmbH-Gesellschafter mehrfach den Tank gefüllt hat, wenn er laut Fahrtenbuch nur 50 km gefahren ist. Es ist außerdem nicht plausibel, wenn laut Fahrtenbuch zwar 2.000 km zurückgelegt wurden, aber der Tank nur einmal gefüllt wurde. Sind Tankquittungen verloren gegangen, dann sollte ein **Eigenbeleg** erstellt werden, der die Lücke füllt.
- Der **Umfang der Privatfahrten** muss plausibel sein. Wenn der GmbH-Gesellschafter kein zusätzliches Fahrzeug hat, sind (bei einer durchschnittlichen Gesamtfahrleistung von weniger als 20.000 km) Privatfahrten im Umfang von weniger als 5% im Jahr eher unwahrscheinlich.
- Außerdem sollten die Eintragungen im Fahrtenbuch mit dem **Terminkalender** übereinstimmen. Dabei sind die Wochenenden, Feiertage und Urlaub zu berücksichtigen.

Einzelne Abweichungen sind unproblematisch. Weichen die Angaben im Fahrtenbuch aber häufig von den Daten ab, die sich aus den Belegen, z. B. aus den Reparaturrechnungen, ergeben, ist das Fahrtenbuch nicht ordnungsgemäß. Das Finanzamt ist dann berechtigt, das Fahrtenbuch unberücksichtigt zu lassen und die 1%-Methode anzuwenden.

Viele **Fehler** treten auf, wenn das Fahrtenbuch nachgeschrieben wird. Da Fahrtenbücher zeitnah geführt werden müssen, darf der zeitliche Abstand zwischen Fahrt und Aufzeichnung ohnehin nur gering sein. Fehler können **vermieden** werden, wenn man wie folgt vorgeht:

- **Beste Lösung**: Das Fahrtenbuch wird im Fahrzeug aufbewahrt und die Aufzeichnungen werden sofort gemacht, bevor das Fahrzeug verlassen wird.

- **Zweitbeste Lösung**: Es werden zunächst alle erforderlichen Daten im Terminkalender eingetragen und dann ins Fahrtenbuch übertragen. Das ist auch sicher, verursacht aber die doppelte Arbeit.

Wie viel Zeit man sich lassen darf, ein Fahrtenbuch nachzuschreiben, ist umstritten. Die Eintragungen sollten von Anfang an vollständig sein. Es sollte vermieden werden, dass einzelne Angaben im Fahrtenbuch nachgetragen bzw. ergänzt werden müssen. Der BFH lehnt „Zettelwirtschaft" ab.

---

**Praxis-Tipp**

Der GmbH-Gesellschafter sollte zu seiner eigenen Sicherheit laufend das Fahrtenbuch überprüfen. Es ist sinnvoll, sich mit Bleistift am Rand des Fahrtenbuchs zu notieren, an welchem Tag wie viel Liter Benzin getankt worden sind. Wenn der GmbH-Gesellschafter außerdem auf jeder Benzinquittung den aktuellen km-Stand vermerkt, kann er sofort feststellen, ob ihm ein Fehler unterlaufen ist.

---

# 16 Nutzung von betrieblichen Elektro- und Hybridelektrofahrzeugen für Privatfahrten

Schafft die GmbH ein Elektrofahrzeug oder ein extern aufladbares Hybridelektrofahrzeug als Firmenwagen an, zahlt sie einen deutlich höheren Preis als bei einem Fahrzeug mit Verbrennungsmotor. Die GmbH schreibt die tatsächlichen Anschaffungskosten über die betriebsgewöhnliche Nutzungsdauer ab (i. d. R. über 6 Jahre).

Für die Ermittlung der Kosten, die auf die private Nutzung, auf die Fahrten zur ersten Tätigkeitstätte und auf Familienheimfahrten entfallen, wurde eine Sonderregelung für Elektrofahrzeuge und extern aufladbare Hybridelektrofahrzeuge geschaffen (§ 6 Abs. 1 Nr. 4 Satz 2 und 3 EStG). Bei der privaten Nutzung, den Fahrten zur ersten Tätigkeitstätte und Familienheimfahrten werden nicht die tatsächlichen Anschaffungskosten bzw. nicht der tatsächliche Bruttolistenpreis angesetzt. Mit der Neuregelung in § 6 Abs. 1 Nr. 4 EStG soll erreicht werden, dass die Besteuerung der privaten Nutzung eines Elektro- oder Hybridelektrofahrzeugs in etwa mit dem Nutzungsanteil bei einem Verbrennungsmotor vergleichbar ist. Dieser Ausgleich ist **pauschal** wie folgt zu ermitteln:

Der Bruttolistenpreis, der bei der 1%-Methode zugrunde gelegt wird, ist **pauschal** um die **Kosten für das Batteriesystem zu mindern**. Dabei wird der Bruttolistenpreis für Elektro- oder Hybridelektrofahrzeuge, die **bis zum 31.12.2013 ange-**

schafft wurden, in Höhe von **500 € pro kWh Speicherkapazität** der Batterie gemindert. Die Minderung pro Kraftfahrzeug darf allerdings **10.000 € nicht übersteigen** (Höchstbetrag).

Bei **Anschaffungen in den Jahren ab 2014** mindert sich der Wert jeweils um 50 € (bei Anschaffungen in 2014 beträgt die Minderung somit 500 € - 50 € = 450 € pro kWh Speicherkapazität). Außerdem mindert sich der Höchstbetrag von 10.000 € für Kraftfahrzeuge, die in den **Folgejahren** angeschafft werden, um jährlich 500 € (für Anschaffungen in 2014 beträgt der Höchstbetrag somit 10.000 € - 500 € = 9.500 €). Die nachfolgende Tabelle gibt einen umfassenden Überblick:

| Anschaffungsjahr/Jahr der Erstzulassung | Minderung pro kWh der Batteriekapazität in Euro | Höchstbetrag in Euro |
|---|---|---|
| 2013 und früher | 500 | 10.000 |
| 2014 | 450 | 9.500 |
| 2015 | 400 | 9.000 |
| 2016 | 350 | 8.500 |
| 2017 | 300 | 8.000 |
| 2018 | 250 | 7.500 |
| 2019 | 200 | 7.000 |
| 2020 | 150 | 6.500 |
| 2021 | 100 | 6.000 |
| 2022 | 50 | 5.500 |

Bei der 1%-Regelung ist der Bruttolistenpreis auf volle Hundert Euro abzurunden. Diese Abrundung ist bei Elektrofahrzeugen und extern aufladbaren Hybridelektrofahrzeugen erst nach Abzug des Abschlags vorzunehmen.

**Praxis-Beispiel:**

Eine GmbH erwirbt in 2014 ein Elektrofahrzeug mit einer Batteriekapazität von 16 kWh. Der Bruttolistenpreis beträgt 45.290 €. Die betriebliche Nutzung durch den GmbH-Gesellschafter beträgt 60%. Die private Nutzung nach der 1%-Regelung ist wie folgt zu ermitteln:

Der Bruttolistenpreis ist um 7.200 € (16 kWh x 450 €) zu mindern. Der für die Ermittlung des entgeltlichen Vorteils geminderte Bruttolistenpreis beträgt (45.290 € - 7.200 € = 38.090 €, abgerundet auf volle Hundert Euro 38.000 €.

Die private Nutzung (= entgeltliche Vorteil) nach der 1%-Regelung beträgt somit 380 € pro Monat.

**Praxis-Beispiel:**
Eine GmbH erwirbt in 2014 ein Elektrofahrzeug mit einer Batteriekapazität von 26 kWh. Der Bruttolistenpreis beträgt 109.150 €. Die betriebliche Nutzung durch den GmbH-Gesellschafter beträgt 60%. Die private Nutzung nach der 1%-Regelung ist wie folgt zu ermitteln:

Der Bruttolistenpreis (109.150 €) ist um 9.500 € (26 kWh x 450 € = 11.700 €, höchstens jedoch 9.500 €) zu mindern und auf volle Hundert Euro abzurunden. Der für die Ermittlung der privaten Nutzung bzw. des entgeltlichen Vorteils geminderte Bruttolistenpreis beträgt 99.600 €. Die private Nutzung bzw. der entgeltliche Vorteil nach der 1%-Regelung beträgt somit 996 € pro Monat.

Die Minderung der Bemessungsgrundlage erfolgt nur, wenn die **Kosten für das Batteriesystem im Listenpreis enthalten** sind. Die Minderung unterbleibt, wenn das Batteriesystem **nicht zusammen** mit dem Fahrzeug angeschafft wurde. Das ist der Fall, wenn für das Batteriesystem ein zusätzliches Entgelt, z. B. in Form von Leasingraten, gezahlt wird. Die Kosten (Leasingraten), die für das Batteriesystem bezahlt werden, sind als Betriebsausgaben abziehbar, ohne dass sie in die Bemessungsgrundlage für die private Nutzung einbezogen werden.

**Praxis-Beispiel:**
Eine GmbH erwirbt in 2014 ein Elektrofahrzeug mit einer Batteriekapazität von 16 kWh. Der Bruttolistenpreis beträgt 25.640 €. Für das Batteriesystem zahlt die GmbH monatlich eine zusätzliche Miete von 79 €. Die betriebliche Nutzung durch den GmbH-Gesellschafter beträgt 60%. Die private Nutzung nach der 1%-Regelung ist wie folgt zu ermitteln:

Der Bruttolistenpreis (25.640 €) ist nicht zu mindern, er wird lediglich abgerundet auf volle Hundert Euro = 25.600 €. Die private Nutzung nach der 1%-Regelung beträgt somit 256 € pro Monat.

**Praxis-Tipp**
Wird das gleiche Fahrzeug auf dem Fahrzeugmarkt **mit und ohne Batteriesystem angeboten**, kann für die Nutzung aus **Vereinfachungsgründen** der Bruttolistenpreis für das Fahrzeug mit Batteriesystem zugrunde gelegt werden, auch wenn das Batteriesystem gemietet wird.

**Praxis-Beispiel:**

Eine GmbH erwirbt in 2014 ein Elektrofahrzeug mit einer Batteriekapazität von 16 kWh. Der Bruttolistenpreis ohne Batteriesystem beträgt 25.640 € und der Bruttolistenpreis mit Batteriesystem 31.640 €. Für das Batteriesystem zahlt die GmbH monatlich eine zusätzliche Miete von 79 €. Die betriebliche Nutzung durch den GmbH-Gesellschafter beträgt 60%. Die private Nutzung nach der 1%-Regelung kann wie folgt ermittelt werden:

Der Bruttolistenpreis (31.640 €) ist um (16 kWh x 450 € =) 7.200 € zu mindern und auf volle Hundert Euro abzurunden. Der für die Ermittlung des entgeltlichen Vorteils geminderte Bruttolistenpreis beträgt dann 24.400 €. Die Nutzung bzw. der entgeltliche Vorteil nach der 1%-Regelung beträgt somit 244 € pro Monat (statt 256 €).

## 16.1 Ermittlung des tatsächlichen (individuellen) Nutzungswerts

Die pauschale 1%-Regelung kann bei der Überlassung eines Firmenwagens an einen Arbeitnehmer immer angewendet werden. Ermittelt der Arbeitnehmer (GmbH-Gesellschafter) die private Nutzung **mithilfe eines ordnungsgemäßen Fahrtenbuchs**, erfasst die GmbH die **tatsächlichen Aufwendungen**, die auf die private Nutzung des Kraftfahrzeugs entfallen. Um hier die gleiche Wirkung zu erzielen wie bei der Anwendung der 1%-Methode, werden die Anschaffungskosten des Batteriesystems bei der Ermittlung der Gesamtkosten herausgerechnet. Das heißt, für die **Ermittlung des geldwerten Vorteils** wird die Abschreibung entsprechend gemindert.

**Praxis-Beispiel:**

Eine GmbH, die nicht zum Vorsteuerabzug berechtigt ist, erwirbt im Januar 2014 ein Elektrofahrzeug mit einer Batteriekapazität von 16 kWh. Der Bruttolistenpreis beträgt 43.000 €, die tatsächlichen Anschaffungskosten 40.000 €. Die betriebliche Nutzung gemäß Fahrtenbuch beträgt 83%. Der private Nutzungsanteil ist wie folgt zu ermitteln:

Bei der Ermittlung der Gesamtkosten sind die Anschaffungskosten um den pauschal ermittelten Minderungsbetrag in Höhe von 7.200 € (16 kWh x 450 €) zu mindern. Die Abschreibung ist mit 5.466,66 € anzusetzen (40.000 € - 7.200 € = 32.800 € verteilt auf 6 Jahre). Daneben sind Aufwendungen für die Versicherung mit 1.000 € und Kosten für den Strom in Höhe von 890 € angefallen. Die private Nutzung ist mit folgendem Betrag anzusetzen:

| | |
|---|---|
| Abschreibung | 5.466,66 € |
| Versicherung | 1.000,00 € |
| Stromkosten | 890,00 € |
| Gesamtkosten | 7.356,66 € |
| auf die Privatnutzung entfallen 17% = | 1.250,63 € |

**Praxis-Beispiel:**
Eine GmbH, die nicht zum Vorsteuerabzug berechtigt ist, erwirbt in 2014 ein Elektrofahrzeug mit einer Batteriekapazität von 16 kWh. Der Bruttolistenpreis beträgt 27.000 €, die tatsächlichen Anschaffungskosten 25.600 €. Für das Batteriesystem zahlt die GmbH monatlich eine zusätzliche Miete von 79 €. Die betriebliche Nutzung gemäß Fahrtenbuch beträgt 83%.

Bei der Ermittlung der Gesamtkosten ist die Abschreibung mit (25.600 € : 6 =) 4.266,67 € anzusetzen. Daneben sind Aufwendungen für die Versicherung mit 1.000 € und Kosten für den Strom in Höhe von 890 € anzusetzen. Die Kosten, die auf das Batteriesystem entfallen, sind nicht zu berücksichtigen, sodass von einem Gesamtbetrag von 6.156,67 € auszugehen ist. Auf die Privatnutzung entfallen somit 17% von 6.156,67 € = 1.046,63 €.

## 16.2 Berechnung, wenn ein Elektrofahrzeug bzw. Hybridelektrofahrzeug geleast wird

Wird ein Fahrzeug geleast bzw. langfristig gemietet, sind die Leasingraten aufzuteilen. Die Kosten für das Batteriesystem, die in der Leasingrate enthalten sind, mindern die Gesamtkosten. Als Aufteilungsmaßstab kann das Verhältnis zwischen Bruttolistenpreis (einschließlich Batteriesystem) und dem um den Abschlag geminderten Listenpreis angesetzt werden.

**Praxis-Beispiel:**
Eine GmbH, die nicht zum Vorsteuerabzug berechtigt ist, hat im Januar 2014 ein Elektrofahrzeug mit einer Batteriekapazität von 16 kWh geleast. Der Bruttolistenpreis beträgt 43.000 € und die monatliche Leasingrate 399 €. Die betriebliche Nutzung durch den GmbH-Gesellschafter gemäß Fahrtenbuch beträgt 83%.

Bei der Ermittlung der Gesamtkosten ist zunächst das Verhältnis zu ermitteln nach dem die Leasingrate aufgeteilt wird.

| | |
|---|---|
| der Bruttolistenpreis beträgt | 43.000 € (100%) |
| geminderter Bruttolistenpreis | 35.800 € (83,26%) |
| Differenz | 7.200 € (16,74%) |
| Leasingraten 399 € x 12 = | 4.788,00 € |
| Abzüglich 16,74% = | 801,51 € |
| Zwischensumme | 3.986,49 € |
| Versicherung | 1.000,00 € |
| Stromkosten | 890,00 € |
| Gesamtkosten | 5.876,49 € |
| auf die private Nutzung entfallen 17% = | 999,00 € |

# 17 Arbeitshilfen

17.1 Berechnungsschema: private Nutzung des Firmen-PKW (was ist günstiger: Fahrtenbuch oder 1%-Methode?)

17.2 Berechnung des geldwerten Vorteils nach der 1%-Regelung

17.3 Vereinbarung über die Überlassung eines Dienstwagens

a) Vereinbarung: Firmenwagen darf auch privat genutzt werden

b) Vereinbarung: Firmenwagen darf nur betrieblich genutzt werden

c) Vereinbarung: Firmenwagen darf nur betrieblich und für Fahrten von und zur Wohnung genutzt werden

## 17.1 Berechnungsschema: private Nutzung des Firmen-PKW (was ist günstiger: Fahrtenbuch oder 1%-Methode?)

**Ausgangsdaten**

Bruttolistenpreis: ................€

Private Nutzung: ................% (lt. Fahrtenbuch)

Entfernung zwischen Wohnung und erster Tätigkeitsstätte ...... km

Kfz-Kosten pro Jahr ...... € + Abschreibung .......€ = ...... € (.... € pro km)

Fahrleistung pro Jahr ...........km, davon privat .......... km = ....... %

**Berechnung des geldwerten Vorteils (privaten Nutzungsanteils) im Vergleich**

| | geldwerter Vorteil | |
|---|---|---|
| | tatsächliche Kosten | pauschale Ermittlung |
| **Privater Nutzungsanteil**<br>a) ........ € (Kfz-Kosten)<br>  x ...% lt. Fahrtenbuch | .............. € | |
| b) pauschal mit 1% von<br>  ........ € x 12 Monate | | .............. € |
| **Vorteil** | | |

**Ermittlung der nicht abziehbaren Kosten bei Fahrten zwischen Wohnung und erster Tätigkeitsstätte**

| | Geldwerter Vorteil lt. Fahrtenbuch | Geldwerter Vorteil: pauschale Ermittlung |
|---|---|---|
| a) Ermittlung der tatsächlichen Kosten ...... km pro Jahr x ..... € = | .......... € | |
| b) pauschal mit 0,03% von ..... € x ... km x 12 = | | .......... € |
| c) pauschal mit 0,002% von ..... € x .....km x Fahrten | | .......... € |
| private PKW-Nutzung = Erhöhung des Arbeitslohns | .......... € | .......... € |
| **Vorteil** | | |

## 17.2  Berechnung des geldwerten Vorteils nach der 1%-Regelung

| Firma | |
|---|---|
| ........................................ | Jahr/Monat ....../......... |
| ........................................ | Fahrzeug .................... |
| ........................................ | Kennzeichen ............... |

| Zeile | Privatfahrten als geldwerter Vorteil | Euro |
|---|---|---|
| 1 | .............. € (Bruttolistenpreis) x 1% = | ............... |
| 2 | abzüglich Nutzungsentgelt des Arbeitnehmers | -............... |
| 3 | Arbeitslohn | ............... |
| | | |
| | **Fahrten zwischen Wohnung und erster Tätigkeitsstätte** | |
| 4 | .............. € (Bruttolistenpreis) x 0,03% x .... Entfernungskilometer = | ............... |
| | **alternativ** | |
| 5 | .............. € (Bruttolistenpreis) x 0,002% x Zahl der Fahrten x .... Entfernungskilometer = | ............... |
| 6 | abzüglich Nutzungsentgelt des Arbeitnehmers | -............... |
| 7 | Auf freiwilliger Basis: Pauschalbesteuerung mit 15% in Höhe der Entfernungspauschale durch den Arbeitgeber: ..... Zahl der Fahrten x 0,30 € x .... Entfernungskilometer | -............... |
| 8 | Arbeitslohn (Ausgleichsposten bzw. geldwerter Vorteil) | ............... |
| | | |
| 9 | **Gesamtbetrag als Arbeitslohn pro Monat zu erfassen** Arbeitslohn lt. Zeile 3: .............. € Arbeitslohn lt. Zeile 11: ............. € = | ............... |
| | | |
| | **Umsatzsteuer aus der Kfz-Überlassung** | |
| 10 | Wert nach der 1%-Regelung (Zeile 1) pauschaler Wert 0,03% oder 0,002% (Zeile 4 oder 5) | ............ ............ |
| 11 | = Bruttobetrag einschließlich Umsatzsteuer | ............ |
| 12 | ......... Bruttobetrag : 119 x 19 = Bemessungsgrundlage | ............ |

# 17.3 Vereinbarung über eine Dienstwagenüberlassung

**a)    Vereinbarung, wenn der Firmenwagen auch privat genutzt werden darf**

### Vereinbarung über die Überlassung eines Dienstwagens

Die ............................ (im Folgenden "GmbH")
und Frau/Herr
............................ (im Folgenden "Gesellschafter-Geschäftsführer")
treffen folgende Vereinbarungen über die Überlassung eines Firmenwagens:

**§ 1 Gegenstand der Überlassung**

Die GmbH überlässt dem Gesellschafter-Geschäftsführer einen Firmenwagen der Marke ........................, Typ ........................, amtl. Kennz. ........................ zur Nutzung. Die GmbH ist berechtigt, das Fahrzeug gegen ein anderes gleichwertiges Fahrzeug auszutauschen. Bei einem Wechsel des Fahrzeugs gelten die nachfolgenden Vereinbarungen entsprechend.
Ein Anspruch auf eine bestimmte Ausstattung und ein bestimmtes Zubehör besteht nicht.

**§ 2 Nutzungsumfang**

Der Arbeitnehmer darf das Kraftfahrzeug uneingeschränkt auch für Privatfahrten und Urlaubsreisen nutzen. Die Nutzung des Firmenwagens kann durch einen Beschluss der Gesellschafterversammlung widerrufen werden.

**§ 3 Übernahme der sonstigen Betriebskosten/Versicherung**

Die GmbH trägt alle sonstigen Betriebskosten wie z. B. Reparaturen, Wartung, Reinigung, Garage, Miete/Leasing und Versicherungen. Die GmbH schließt eine Haftpflichtversicherung mit einer ausreichenden Deckungssumme und eine Teil-/Vollkaskoversicherung mit einer Selbstbeteiligung von ............ € ab.

**§ 4 Pflichten des Gesellschafter-Geschäftsführers**

Der Gesellschafter-Geschäftsführer ist verpflichtet,

*   das Fahrzeug stets schonend und sorgfältig zu fahren, die Verkehrsvorschriften einzuhalten und bei Alkohol- oder Drogenkonsum bzw. Medikamenteneinnahme das Fahrzeug nicht zu benutzen;
*   das Fahrzeug von Rechten Dritter freizuhalten, nicht zu vermieten oder zu verpfänden;
*   Verwarnungs- und Bußgelder, die im Zusammenhang mit einer nicht ordnungsgemäßen Benutzung des Fahrzeugs entstehen, selbst zu tragen.

121

## § 5 Unfälle, Beschädigungen und Verlust

Der GmbH-Geschäftsführer hat die GmbH unverzüglich über Unfälle oder Beschädigungen des Fahrzeugs zu informieren. Das gilt auch für den Fall eines Verlusts (Diebstahls). Bei Unfällen mit Personenschäden ist die Polizei zur Unfallaufnahme hinzuzuziehen. Die Polizei ist auch hinzuzuziehen, wenn der Sachschaden eine mutmaßliche Schadenhöhe von ................... € überschreitet. Die Polizei ist auch hinzuzuziehen, wenn der Fahrer des unfallgegnerischen Fahrzeugs nicht mit dem im Fahrzeugschein eingetragenen Halter identisch ist oder keinen inländischen Wohnsitz hat. Der GmbH-Geschäftsführer hat die erforderlichen Feststellungen zu treffen alle Maßnahmen zu ergreifen, die der Sicherung eines eventuellen Ersatzanspruchs gegen den Verursacher dienen. Dazu sind Namen, Anschrift, Haftpflichtversicherer sowie Kennzeichen des/der Beteiligten zu notieren und die Personalien eventueller Zeugen festzuhalten.

Der GmbH-Geschäftsführer ist in jedem Fall verpflichtet, einen Unfallbericht nach dem Formular zu erstellen, das von der Haftpflichtversicherung zur Verfügung gestellt wird.

## § 6 Haftung bei Beschädigungen

Für Schäden bei Privatfahrten haftet der GmbH-Geschäftsführer in jedem Fall selbst. Das gilt bei der unberechtigten Überlassung des Fahrzeugs an einen Dritten. Der GmbH-Geschäftsführer haftet für Beschädigungen bei dienstlich veranlassten Fahrten in vollem Umfang, wenn er den Schaden vorsätzlich oder grob fahrlässig verursacht hat. Bei mittlerer Fahrlässigkeit beteiligt sich der GmbH-Geschäftsführer in dem Umfang am Schaden, der unter Berücksichtigung aller Umstände im Einzelfall angemessenen ist. Bei einfacher Fahrlässigkeit haftet der Mitarbeiter grundsätzlich nicht.

Werden die Schäden durch eine Versicherung/Vollkaskoversicherung abgedeckt, entfällt eine Haftung des GmbH-Geschäftsführers bis zur Höhe der Selbstbeteiligung, wenn die GmbH insoweit nicht in Rückgriff genommen werden kann. Die GmbH verzichtet darauf, den Betrag der Selbstbeteiligung bis zu maximal 1.000 € pro Schadensfall gegenüber dem GmbH-Geschäftsführer geltend zu machen. Der GmbH-Geschäftsführer stellt die GmbH von Haftungsansprüchen Dritter frei, soweit diese nicht durch die Versicherung abgedeckt sind.

## § 7 Überlassung an Dritte

Es ist erlaubt, den Firmenwagen an Familienmitglieder zur privaten Nutzung zu überlassen, sofern diese im Besitz einer gültigen Fahrerlaubnis sind. Im Übrigen darf der GmbH-Geschäftsführer das Fahrzeug nur mit vorheriger Zustimmung der GmbH an einen Dritten überlassen. Für Schäden bei nicht erlaubter Überlassung haftet der GmbH-Geschäftsführer in vollem Umfang.

## § 8 Widerruf und Rückgabe des Fahrzeugs

Der GmbH-Geschäftsführer ist auf Aufforderung der GmbH verpflichtet, den Firmenwagen zurückzugeben, wenn ein sachlicher Widerrufsgrund vorliegt. Das ist insbesondere der Fall

- bei Entzug der Fahrerlaubnis, Verhängung eines Fahrverbots oder der vorläufigen Sicherstellung des Führerscheins,
- bei einer Arbeitsunfähigkeit, die über sechs Wochen hinausgeht,
- bei Ruhen des Arbeitsverhältnisses über den Zeitraum von einem Monat hinaus.

Im Fall des Widerrufs hat der GmbH-Geschäftsführer das Fahrzeug sowie Papiere und Schlüssel spätestens an dem auf die Mitteilung folgenden Tag/innerhalb von … Tagen an eine von der GmbH bevollmächtigte Person herauszugeben. Ein Zurückbehaltungsrecht des GmbH-Geschäftsführers ist ausgeschlossen.

## § 9 Beendigung des Arbeitsverhältnisses

Wird das Arbeitsverhältnis beendet, ist das Fahrzeug spätestens am letzten Arbeitstag zurückzugeben, sofern keine abweichende Vereinbarung getroffen wird.

| ..................... | ................. | ................. | ...................... |
| Ort | Datum | Arbeitgeber | Arbeitnehmer |

✳✳✳

**b)   Vereinbarung: Firmenwagen darf nur betrieblich genutzt werden**
  (Austausch der folgenden Paragraphen)

## § 2 Nutzungsumfang

Das Fahrzeug darf nur für betriebliche Zwecke im Zusammenhang mit dem bestehenden Arbeitsverhältnis genutzt werden. Es ist nicht erlaubt, das Fahrzeug für Privatfahrten und Fahrten zwischen Wohnung und erster Tätigkeitsstätte zu verwenden.

## § 6 Haftung bei Beschädigungen

Der GmbH-Geschäftsführer haftet in vollem Umfang, wenn er das Fahrzeug unberechtigt an einen Dritten überlässt. Der GmbH-Geschäftsführer haftet für Beschädigungen bei dienstlich veranlassten Fahrten in vollem Umfang, wenn er den Schaden vorsätzlich oder grob fahrlässig verursacht hat. Bei mittlerer Fahrlässigkeit beteiligt sich der GmbH-Geschäftsführer in dem Umfang am Schaden, der unter Berücksichtigung aller Umstände im Einzelfall angemessen ist. Bei einfacher Fahrlässigkeit haftet der Mitarbeiter grundsätzlich nicht.

Werden die Schäden durch eine Versicherung/Vollkaskoversicherung abgedeckt, entfällt eine Haftung des GmbH-Geschäftsführers bis zur Höhe der Selbstbeteiligung. Die GmbH verzichtet darauf, den Betrag der Selbstbeteiligung bis zu maximal 1.000 € pro Schadensfall gegenüber dem GmbH-Geschäftsführer geltend zu machen. Der GmbH-Geschäftsführer stellt die GmbH von Haftungsansprüchen Dritter frei, soweit diese nicht durch die Versicherung abgedeckt sind bzw. wenn die GmbH insoweit in Rückgriff genommen werden kann.

**§ 7 Überlassung an Dritte/Mitnahme Dritter**
Es ist nicht erlaubt, den Firmenwagen an Familienmitglieder zur privaten Nutzung zu überlassen. Im Übrigen darf der GmbH-Geschäftsführer das Fahrzeug nur mit vorheriger Zustimmung der GmbH an einen Dritten überlassen. Für Schäden bei nicht erlaubter Überlassung haftet der GmbH-Geschäftsführer in vollem Umfang.

***

c) **Vereinbarung: Der Firmenwagen darf nur betrieblich und für Fahrten von und zur Wohnung genutzt werden**

**§ 2 Nutzungsumfang**
Das Fahrzeug darf nur für betriebliche Zwecke im Zusammenhang mit dem bestehenden Arbeitsverhältnis und für Fahrten zwischen Wohnung und erster Tätigkeitsstätte genutzt werden. Es ist nicht erlaubt, das Fahrzeug für Privatfahrten zu verwenden.

**§ 6 Haftung bei Beschädigungen**
Der GmbH-Geschäftsführer haftet in jedem Fall selbst, wenn er das Fahrzeug unberechtigt an einen Dritten überlässt. Der GmbH-Geschäftsführer haftet für Beschädigungen bei dienstlich veranlassten Fahrten in vollem Umfang, wenn er den Schaden vorsätzlich oder grob fahrlässig verursacht hat. Bei mittlerer Fahrlässigkeit beteiligt sich der GmbH-Geschäftsführer in dem Umfang am Schaden, der unter Berücksichtigung aller Umstände im Einzelfall angemessenen ist. Bei einfacher Fahrlässigkeit haftet der Mitarbeiter grundsätzlich nicht.

Werden die Schäden durch eine Versicherung/Vollkaskoversicherung abgedeckt, entfällt eine Haftung des GmbH-Geschäftsführers bis zur Höhe der Selbstbeteiligung. Die GmbH verzichtet darauf, den Betrag der Selbstbeteiligung bis zu maximal 1.000 € pro Schadensfall gegenüber dem GmbH-Geschäftsführer geltend zu machen. Der GmbH-Geschäftsführer stellt die GmbH von Haftungsansprüchen Dritter frei, soweit diese nicht durch die Versicherung abgedeckt sind bzw. wenn die GmbH insoweit in Rückgriff genommen werden kann

# 18   Stichwortverzeichnis

## Abkürzungsverzeichnis

| | |
|---|---|
| Abschn. | Abschnitt |
| AfA | Absetzung für Abnutzung |
| BFH | Bundesfinanzhof |
| BMF | Bundesfinanzministerium |
| EStR | Einkommensteuer-Richtlinien |
| EU | Europäische Union |
| GmbH | Gesellschaft mit beschränkter Haftung |
| GrS | Großer Senat |
| i.d.R. | in der Regel |
| Kfz | Kraftfahrzeug |
| KG | Kommanditgesellschaft |
| km | Kilometer |
| kWh | Kilowattstunde |
| LStR | Lohnsteuer-Richtlinien |
| n.F. | neue Fassung |
| PC | Personal-Computer |
| s.o. | siehe oben |
| s.u. | siehe unten |
| SKR | Spezial-Konten-Rahmen |
| USt | Umsatzsteuer |
| UStAE | Umsatzsteuer-Anwendungserlass |
| UStDV | Umsatzsteuer-Durchführungsverordnung |
| UStG | Umsatzsteuergesetz |
| VSt | Vorsteuer |
| z. B. | zum Beispiel |

# GmbH-Steuerpraxis

Gestaltungsempfehlungen für die GmbH-Praxis | Steuern | Vergütung | Haftung

Die Fachzeitschrift für die Beratungspraxis zu allen steuerlichen und rechtlichen Fragen rund um die GmbH (& Co. KG)

**Seit über 37 Jahren allmonatlich**

- Praxisnahe Beiträge zum Steuer- und Gesellschaftsrecht der GmbH (& Co. KG)
- Aktuelle Berichterstattung über GmbH-relevante Urteile und Erlasse

**Schwerpunkt: Steuergestaltung**

- Direkt umsetzbares Beratungs-Know-how
- Jeder Beitrag und jedes Urteil mit konkreter Gestaltungsempfehlung

**Darstellungsform**

- In leicht verständlicher Sprache
- Mit praxisnahen Beispielen und Schaubildern

**Autoren**

- Praktiker von der Steuerfront (Steuerberater, Betriebsprüfer, Steuer-Fachanwälte)
- GmbH-Spezialisten

**Leser-Service**

- Gutachtendienst
- Kostenfreier Zugriff auf die Online-Volltext-Datenbank mit allen Ausgaben seit 2003

**Informationskonzentration**

- Herausfilterung der für die GmbH-Beratung wesentlichen Informationen
- Hoher Informationsgewinn bei geringem Zeitaufwand

**„Steuerzahler-Tip"**

- Der Informationsdienst mit Steuertipps und Beratungs-Know-how für den Privatbereich
- Als ständige Beilage ohne Zusatzkosten

---

Fordern Sie **kostenlos** zwei aktuelle Ausgaben an:
VSRW-Verlag, Rolandstr. 48, 53179 Bonn, Fax 02 28 9 51 24 -90
Weitere Infos unter **www.gmbh-steuerpraxis.de**

# Steuererklärungen für die GmbH leicht gemacht ...

## ... mit Körperschaftsteuer Deluxe

**Professionelle Software für die komplette Erstellung der Körperschaftsteuer- und Gewerbesteuer-Erklärung einer GmbH**

## Die Leistungsmerkmale:

- Komplette Berechnung der Körperschaft- und Gewerbesteuer inkl. der Rückstellungen für KSt, GewSt und Tantiemen (auch für zurückliegende Jahre)

- Berechnung von Gewinnausschüttungsalternativen mit Erstellung der Kapitalertragsteuer-Anmeldung

- Inklusive Organschafts-Modul

- Vollständig integrierte GewSt für Kapitalgesellschaften

- Amtlicher Formulardruck

- Mit Stammdaten-Verwaltung, Textverarbeitung sowie Im- und Export-Schnittstelle (Datev-kompatibel)

- Netzwerkfähig ohne Aufpreis

- Elektronische Anbindung an die Finanzverwaltung über ELSTER

**Weitere Informationen zu diesem Programm anfordern unter Fax-Nr. 0228 95124-90. Weitere Softwareprodukte unter www.vsrw.de**

**VSRW** Rolandstr. 48 • 53179 Bonn • Tel.: 0228 95124-0 • Fax: 0228 95124-90 • E-Mail: vsrw@vsrw.de

# GmbH-Geschäftsführer-Vergütung

Hagen Prühs

## GmbH-Geschäftsführer-Vergütung

100 Steuertipps zu den wichtigsten
Vergütungsformen für GmbH-
(Gesellschafter-)Geschäftsführer

4. Auflage

r. jur. Hagen Prühs
mbH-Geschäftsführer-Vergütung
00 Steuertipps zu den wichtigsten
ergütungsformen für GmbH-(Gesellschafter-)
eschäftsführer.

 Auflage
onn 2013
12 Seiten
4,80 Euro
BN 978-3-936623-52-9

estellen Sie bei
nserem Kundenservice:
elefon 0228 951240
der versandkostenfrei im
nternet unter www.vsrw.de

- 100 Steuertipps zu den wichtigsten Vergütungsformen für GmbH-(Gesellschafter-)Geschäftsführer

- Ausführliche Erläuterungen der neuen gesetzlichen Lage

- Information in knapper, streng praxisbezogener Form

Seit der 3. Auflage dieses Buches hat sich in der steuerlichen Behandlung der Bezüge von Gesellschafter-Geschäftsführern sehr viel geändert. Dafür verantwortlich waren zum einen der Gesetzgeber und zum anderen die Rechtsprechung. Insbesondere die Finanzgerichte und der BFH haben die Gestaltungsspielräume bei der Festlegung der Bezüge für Gesellschafter-Geschäftsführer zunehmend eingeschränkt. Beispielhaft sei verwiesen auf das Verbot, bei Weiterarbeit für die Gesellschaft nach Erreichen des Pensionsalters Gehalt und Pension gleichzeitig zu beziehen, auf die verschärften Anforderungen an die Erdienbarkeit und Finanzierbarkeit von Pensionszusagen sowie an die Durchführung von Gehaltsabreden.

Die nun aktuell neu erschienene 4. Auflage gibt nicht nur den Stand von Gesetzgebung, Verwaltungsauffassung und Rechtsprechung zu allen wichtigen Vergütungsbestandteilen wieder, sondern zeigt auch die verbliebenen Gestaltungsspielräume auf, die Gesellschafter-Geschäftsführer und ihre steuerlichen Berater im Interesse einer Verringerung der

Steuerbelastung der Gesellschaft und des Geschäftsführers nutzen sollten.

Um die 100 Tipps rund um die Geschäftsführervergütung besser bewerten zu können, wurden in Teil A die steuerlichen Aspekte der Geschäftsführervergütung kurz systematisch dargestellt. Am Ende dieses Teils findet der Leser eine Prüfliste mit 12 Geboten für eine gegenüber dem Finanzamt „wasserdichte" Vereinbarung der Geschäftsführerbezüge.

Teil B enthält 100 Kurzbeiträge in ABC-Form rund um die Geschäftsführervergütung.

Teil C bietet dem Leser eine Reihe von mustergültigen Formulierungen für Vergütungsabsprachen zwischen einer GmbH und ihrem (Gesellschafter-)Geschäftsführer mit ausführlichen Erläuterungen.

Wer die prägnant und auch für steuerliche Laien verständlich geschriebenen Empfehlungen in diesem Vergütungs-Ratgeber beachtet, ist in punkto Geschäftsführervergütung vor Überraschungen in der nächsten Betriebsprüfung sicher.

 **VSRW** Rolandstr. 48 • 53179 Bonn • Tel.: 0228 95124-0 • Fax: 0228 95124-90 • E-Mail: vsrw@vsrw.de • Internet: www.vsrw.de

# Weitere GmbH-Ratgeber

## GmbH-Geschäftsführer: Rechte und Pflichten

Die 100 wichtigsten Rechte und Pflichten eines GmbH-Geschäftsführers

Von Dr. Hagen Prühs, GmbH-Ratgeber Bd. 4, 4. Auflage, 262 Seiten, 24,80 €

## GmbH-Gesellschafter: Rechte und Pflichten

Die wichtigsten Rechte und Pflichten eines GmbH-Gesellschafters

Von Dr. Hagen Prühs und Vanessa Prühs, GmbH-Ratgeber Bd.12,
3. erweiterte Auflage, 250 Seiten, 29,80 €

## Reisekosten und Bewirtungskosten des GmbH-Geschäftsführers

Betriebsausgaben – Lohnsteuer – Umsatzsteuer

Von Steuerberater Wilhelm Krudewig, Reihe GmbH-Ratgeber Bd. 23,
202 Seiten, 29,80 €

## Der GmbH-Jahresabschluss

der kleinen und mittelgroßen GmbH mit Hinweisen zur
Erstellung der E-Bilanz

Von Steuerberater Wilhelm Krudewig, Reihe GmbH-Ratgeber Bd. 22,
2. Auflage, 92 Seiten, 29,80 €

## GmbH-Geschäftsführer: ABC der Haftungsrisiken

Die 100 größten Haftungsrisiken für GmbH-Geschäftsführer –
und wie man sie vermeiden kann

Von Dr. Hagen Prühs und Vanessa Prühs, GmbH-Ratgeber Bd.11,
3. Auflage, 250 Seiten, 29,80 €

## Unternehmensnachfolge in der GmbH

Den Generationenwechsel erfolgreich gestalten – unter Berücksichtigung
der GmbH- und Erbschaftsteuerreform

Von Rechtsanwalt Dr. Andreas Rohde, GmbH-Ratgeber Bd. 20, 120 Seiten, 24,80 €

**Die Ratgeber können beim VSRW-Verlag unter
Fax-Nr. 0228 95124-90 oder unter www.vsrw.de bestellt werden**